大夏书系·推敲课堂

课堂深处的精彩
——中外教育对比赏析

雷 玲◎主编

Ketrang Shenchu De Jingcai

华东师范大学出版社
EAST CHINA NORMAL UNIVERSITY PRESS

图书在版编目（CIP）数据

课堂深处的精彩：中外教育对比赏析/雷玲主编.—上海：华东师范大学出版社，2010.8

ISBN 978 - 7 - 5617 - 8024 - 4

Ⅰ.①课... Ⅱ.①雷... Ⅲ.①课堂教学—对比研究—中小学—中国、外国 Ⅳ.①G632.421

中国版本图书馆 CIP 数据核字（2010）第 155951 号

大夏书系·推敲课堂

课堂深处的精彩
——中外教育对比赏析

主　　编	雷　玲
策划编辑	李永梅
文字编辑	李热爱
封面设计	大象设计
责任印制	殷艳红

出版发行	华东师范大学出版社
社　　址	上海市中山北路 3663 号　邮编 200062
电话总机	021 - 62450163 转各部门　行政传真 021 - 62572105
客服电话	021 - 62865537（兼传真）
邮购电话	021 - 62869887
门市地址	上海市中山北路 3663 号华东师范大学校内先锋路口
网　　址	www.ecnupress.com.cn

印 刷 者	北京密兴印刷有限公司
开　　本	700 × 1000　16 开
印　　张	15
插　　页	1
字　　数	216 千字
版　　次	2010 年 9 月第一版
印　　次	2021 年 5 月第　七次
印　　数	25 001 - 26 000
书　　号	ISBN 978 - 7 - 5617 - 8024 - 4/G·4687
定　　价	29.80 元

出 版 人	朱杰人

（如发现本版图书有印订质量问题，请寄回本社市场部调换或电话 021 - 62865537 联系）

自序　我们向国外课堂学习什么

　　某学校曾出过这样一道题：在下午两点到三点之间，时针与分针在哪一刻交汇？在场的中国学生几乎同时迅速地拿起笔来列式计算，而同班的美国学生却轻松地拨动自己的手表，并很快得出了正确的结果。不能说美国学生比中国学生聪明，因为在诸如基本知识的掌握、计算和推理等抽象思维能力方面，美国学生明显不如中国学生，但我们也不得不承认，美国学生的动手能力、想象力和创造能力确实比中国学生强。

　　到底是什么扼杀了中国学生的动手能力、想象力、创造能力？为什么中国学生与外国学生会有如此大的差别？

　　华裔美籍诺贝尔奖获得者朱棣文、杨振宁教授结合自己的亲身经历及成功的经验，对中外教育发表了非同寻常的见解。

　　朱棣文教授说："中国的学校过多地强调学生书本知识的学习和书面应试能力，而激励学生的创新精神则显得明显不足。"

　　杨振宁教授指出："中国留学生学习成绩往往比美国学生好得多，然而，10年以后，科研成果却比人家少得多，原因就在于美国学生思想活跃，动手能力和创造精神强。"杨先生还从他所指导的一些中国研究生那里了解到中国学生的某种共性：在考场上得心应手，在实验室里手足无措。

　　而另一位诺贝尔奖获得者李政道教授则强调："培养人才最重要的是培养创造能力。"

　　由此看来，许多人士都深刻地看到了中外教育的巨大不同之处：一个强调知识学习，一个强调能力培养。

"为什么我们的学校总是培养不出杰出人才？"钱学森离世前曾多次提出这个振聋发聩的疑问，引起了全社会的关注。"钱学森之问"是关于中国教育事业发展的一道艰深命题，需要整个教育界乃至社会各界共同破解。

　　笔者主编的《课堂深处的精彩——中外教育对比赏析》一书以课堂为切入点，对中外教育进行了深刻反思。书中精心选取的每一个案例，都凝聚了广大一线优秀教师的教育智慧。他们积极学习国外教育教学经验，并结合自身教育教学经验进行了对比反思。有的老师亲自走进国外课堂，有的通过视频材料进行观摩学习，无论是直接的还是间接的经验，都凝聚着老师们对教育的思考，对课堂的追问，对国际大背景和新课程背景下教育教学的深刻反思。

　　全书分为"课堂上的精彩"、"教育中的细节"上下两篇，无论是上篇中《温情自然的英国性教育课》、《个性飞扬的美国作文课》、《没有家庭作业的芬兰小学语文课》、《马路边上的新加坡数学课》、《注重情感体验的日本国语课》、《注重复述训练的俄罗斯阅读课》等，还是下篇中《"环保记事本"中的德国绿色教育理念》、《美国的理财教育》、《俄罗斯的红色经典教育》、《"陶行知式"的德国小学教育》、《从生活细节看英国教育》等，都蕴含着老师们对中外教育最真实、最原生态的对比思考。

　　这些源于实践的切身认知和亲力践行的尝试，为广大一线教师提供了可触摸的学习模式，在更多教师还没有机会走出国门学习国外先进教育教学经验的今天，读这本书，无疑是借他山之石的最佳捷径之一。

　　我们每一个教育工作者都应该为自己多打开一扇门，这样我们的视野将变得更加开阔，我们的思维将变得更加多元化，我们的行为将变得更加开放。这正是笔者主编本书的意图所在。

雷　玲

2010 年 4 月 6 日

目录 Contents

┃附录┃

『上篇』课堂上的精彩

美国数学课上的"磨洋工"

视 点

数学教学的最终目标是什么？仅仅是为了让学生获得某些规律或结论吗？毋庸置疑，让学生在解决问题的过程中发展思维能力、提升数学素养，这才是数学教学的最终目标。"鸡兔同笼"问题是我国古代数学名题，专家已将此内容编入教材。那么，我们该把它看作算术教学还是数学教学？观摩了美国的一堂小学数学课后，相信你一定会有新的思考。

课堂回放

教师出示问题：一个住在湖边的老人养有狗和鸭子。某天，老人看到了 5 个头和 14 只脚。老人看到的是多少条狗、多少只鸭？

老师：大家能不能找到解决问题的方法？

学生们纷纷要求回答问题。

学生 1：要找到答案并不难，只要设计两个式子：一个用来解决脚的问题，另一个用来解决头的问题……

老师：（打断学生 1 发言）很好！谁来设计？

学生 2：设狗为 x，设鸭为 y，可以得出 $4(x) + 2(y) = 14$。

学生 3：$x + y = 5$。

老师：这两个式子对不对？

学生：（异口同声）对啦！

老师：现在我们先不去计算答案。我们按照这两个式子来推理，看看答案是否合理……

大家你望我，我望你，不知道老师葫芦里卖的是什么药。

老师：犯愁了？不错！我们现在不打算去计算准确的答案，我们只是去猜测大致的答案。

学生们仍然丈二和尚摸不着头脑。

老师：既然你们不回答，那我就来问你们。答案是5条狗和4只鸭，对不对？

学生：（纷纷说）不对！5条狗和4只鸭，一共是9个头，老人只看到了5个头。

老师：那么，谁能告诉我，狗脚和鸭脚的数目？

学生们又是你望我，我望你。

老师：如果我告诉你们狗不少于4条，你们认为对吗？

学生2：不对！请看看我设计的式子，脚的总数是14，而4条狗就有16条腿。除非老人喝醉了，把自己的脚也数进去了！

全班哄堂大笑！

老师：非常好！那会不会是3条狗呢？

学生们陷入思考。

学生3：那也不对！

老师：（很感兴趣）为什么？

学生3：除非有1只鸭子少了两条腿。您看我设计的式子，总共有5个头。3条狗有12只脚，要符合5个头、14只脚的条件的话，就只剩两个鸭头、两只鸭脚。因此，除非有1只鸭没有脚……

又是一阵哄堂大笑！

老师：好吧，让我们假设所有的狗和鸭子都是进化完整的，没有缺胳膊少腿的。那么，该有多少只鸭子呢？

学生再也没有像前面那样沉默，而是议论纷纷。

学生4：不管怎么说，前提是不能超过5个头、14只脚。

老师：如果狗少于3只，我们能推测出鸭子的数量吗？

学生5：鸭子必须是3只以上。因为头的总数是5，而狗少于3条，所以鸭子如果没有3只以上就凑不够5。

老师：有道理。狗只能少于 3 条，而鸭子不能少于 3 只。那么，我们下一步该怎么办呢？

学生们思索。

老师：如果是 3 只鸭子，鸭脚应该有——

学生：（齐声）6 只鸭脚。

老师：对！如果是 3 只鸭子、6 只鸭脚，狗的数目又该怎么算呢？

学生 1：如果狗脚不能多于 12 只，这就是说，狗不能多于 3 条，鸭子至少得有 3 只才能凑够 5 个头。3 只鸭，鸭脚就是 6 只。因此，狗只能是 2 条，狗脚……

老师：（高兴地大笑）好！不要往下说了。请大家用式子计算吧。

到了这一步，再让学生用式子计算，太简单了：狗是 2 条，鸭子是 3 只。

学生 2：（有些不大高兴）老师，看到您那么高兴，我倒有些费解了。这 2 条狗、3 只鸭子的答案，我们推理来推理去，花了快一节课的时间才得出。其实，如果您一开始就让我们计算，我们早该做完了……

老师：（微笑着点头）你提出了一个非常好的问题，这个问题甚至比"2 条狗、3 只鸭子"的答案更有意义。请大家想一想，我为什么没有一开始就让大家用式子来计算，而是花了一节课的时间来走完整个推理的过程？

学生 5：我们在推论那些不正确的答案上浪费了不少时间。

学生 3：我不同意"浪费"的说法。有时候，你不能证明一个答案是错的，也就不能证明另一个答案是对的。

学生 6：但是，值不值得花那么多时间呢？

学生们议论纷纷。

老师：（会心地笑了）谢谢大家！数学不是算术，更不是用一个似懂非懂的式子去计算答案。如果根据式子机械地计算结果，我们充其量就是个计算器。要真正理解为什么这么做是对的，而那么做是不对的，事情就不那么简单了。比如，你会操作电脑，但要成为电脑程序员，你就必须明白其中的原理。我们就是要通过演绎和归纳来找出答案，在这个过程中，我们的推理能力也会得到提高。

赏析与反思

老师有必要这样教学吗？用我们的常规视角来分析，美国老师这么做似乎是在"磨洋工"。他这么做的目的是什么？是不是另有深意呢？我再次陷入了思考。

一、是寻求答案还是提升素养

我不止一次听过关于"鸡兔同笼"问题讲解的课。一般老师都是先出示问题，比如，"笼里装有鸡和兔，一共有 5 个头和 14 只脚，请问有几只兔、几只鸡"，然后引导学生思考，并让学生尝试着解答这个问题，接下来就是师生之间的互动交流，教师总结方法，最后是练习巩固环节。长期以来，我们仅仅把解决一些简单的实际问题本身当作教学目的。

这位美国老师的做法颇让人回味。当学生想出计算式子时，他并不急于让学生得出答案，而是不厌其烦地引导学生进行猜想、推理和验证。最后，当学生得出结论时，他才让学生用式子计算。在猜想和推理过程中，学生收获了什么？仅仅是答案吗？我们认为，问题的答案只是学习的一个副产品，更为可贵的是，学生的数学素养得到了一定的提升。

什么是数学素养呢？美国教育界认为，数学素养主要指独特的数学能力，它既包括探索、猜想和逻辑推理的能力，也包括有效地利用多种数学方法去解决问题的能力。以上案例中，教师并不满足于让学生得出问题的答案，而是通过一系列的猜想和推理，试图让学生明白这样解题的理由，发展学生的思维能力。在不断的交流辩驳中，学生树立了解决问题的信心，同时还掌握了数学推理的基本方法。

因此，美国教师认为，在让学生学会解决实际问题的同时，更为重要的是让学生掌握解决问题的各种策略，培养学生的解题能力和处理信息的能力。同时，教师要注重开发学生的智力，使学生能够适应不断变化的社会。学生只要具备了良好的运用能力，即使遇到新问题也能够应用已掌握的解题策略予以解决。

二、是计算教学还是数学教学

一般而言，我们的老师在教学"鸡兔同笼"问题时，引导学生得出式子后，就会马上让学生应用式子解决问题。因此，在一些人看来，"鸡兔同笼"问题似乎就变为一种计算问题。学生掌握了一个固定模式后，就套用模式来解决所谓的"问题"。在这个过程中，计算占据着重要地位。至于为什么要这么做、式子的内涵是什么，学生根本无暇顾及。

美国的数学教学正试图证明这一点：数学不仅仅是计算和应用公式，数学的实质是思维方式，是演绎和归纳的逻辑思维方式。对许多美国人来说，得出问题的答案并不一定是学数学的目的。他们是想通过学数学来培养自己的能力。同时，他们想通过学数学来理解世界的各种现象。许多美国人认为，学数学的目的是掌握一种思维方式，获得一种解释世间许多现象的工具。

在上面的案例中，教师不断提出各种假设，设计出一系列的思维冲突，引导学生进行全方位的思考和辨析。学生的思考由浅表向纵深发展，渐渐探寻到问题的本源。在剖析和验证的过程中，学生逐渐体会到，解决"鸡兔同笼"问题，既要考虑动物的头的总数，又要考虑它们脚的总数。经历过这样的思考过程，学生思维的条理性和严密性都得到了一定程度的增强。

三、是"磨洋工"还是另有深意

这位美国老师花了将近一节课的时间让学生去进行各种猜想和验证。花那么长时间去猜想、验证，最终连起码的练习都没有完成，还有什么教学效率可言？很多人也许一时无法理解。其实，这位美国老师的做法另有深意，可谓是用心良苦！他让学生参与了更高层次的思维活动，让学生的思维能力得到了提高。

众所周知，学生只有保持对数学的好奇心，主动去探索数学的基本规律，才能成为一个懂数学的人。美国的教师认为，数学的学习必须主动，应让学生主动地参与到数学实践活动中。因此，每位数学教师都要努力创设一个环境，鼓励学生积极探索，为学生提供可操作的实物材料和设备。教师要认真观察学生的数学活动，细心倾听并与学生积极交流。在以上案例中，这些要义都得到了很好的体现。

在教学过程中，我们如果只讲解具体的知识点，而没有让学生去证实或证伪自己的假设，那就忽略了对学生的怀疑精神的培养。鼓励学生去证实或证伪某个假设，有利于学生思维能力的提高。上面这位美国老师非常注重培养学生的演绎推理和归纳推理的能力，实际上，他的这种教学方法更具前瞻性！

（赵红婷，江苏省张家港市云盘实验小学；王爱瑾，江苏省张家港市梁丰初级中学）

温情自然的英国性教育课

视 点

　　在我们的传统观念中，老师跟孩子讨论生理变化与性，似乎是不可思议的事。几乎每个孩子都有一个迷茫的少年时期。他们为突然的生理变化而惊恐、慌张，不知道该如何面对这些变化，因为没有人对他们进行相关的教育。对孩子进行性教育是一个必须得到重视的盲点。

　　在英国埃塞克斯郡的一所小学里，我听了一堂温情自然的性教育课。

▎课堂回放 ▎

　　这是一堂由专业人士给六年级学生上的性教育（Sex Education）课。这位专业人士是一个中年女子，温和亲切，她佩戴着工作证，给人一种很专业的感觉。她随身带着的箱子里装有不少资料。这堂课分为五个板块：

一、让孩子了解自己身体的变化

　　上课时，教师先在黑板上画了一张简单的人体图，然后要求孩子们说出自己身体的变化。老师在那张人体图上用两种颜色分别标出男性和女性的身体变化。因为不是自己熟悉的老师授课，孩子们显得有些拘谨，但会说出自己身体的变化。老师很亲切地鼓励他们畅所欲言。

二、让孩子了解成年男女的生理特征

　　教师分别出示了男性和女性的全身裸露图，因为显示的是淋浴图，

而且是线描图，孩子们的眼光比较自如。教师分别讲解了成年男性和女性的生理器官。

三、讲解生理卫生知识

老师给孩子们每人发了一份讲义，讲义的标题为 "Keeping your body clean"（"保持个人卫生"）。老师带领大家逐一阅读，提醒孩子们注意身体的几个部位（手、脚、生殖器、腋窝、头发和牙齿等）的卫生护理，让孩子们了解保持各个部位清洁的重要性。

讲完讲义上的内容后，教师给每个孩子发了一份练习题，上面一共有20道关于个人卫生与身体发育情况的题目。最有意思的是这样一道题目：There is no need to worry about the size of your sexual organs?（有必要担心生殖器的大小吗？）这么私密的问题居然可以出现在学生的练习题中。

学生做完练习题后，老师会依次讲解每一道题，并让孩子们自己给自己批改。坐在我旁边的是一个非常优秀的男孩。对于上面提到的那道很有意思的题目，他选了"F"，透漏出他有这样的担心。而老师讲解之后，我看见他很轻松地在那道题目后画了一个叉。

就算有这样的担心，很多孩子也会不好意思去咨询熟悉的家长和老师，但在陌生的专业人员面前，他们可以通过听取讲解来解开心中的疑问。老师会收走练习题，但上面不用写学生的名字。这样既方便专业人员进行统计与分析，又可以很好地保护孩子的心理安全。

四、让孩子观看关于生理特征的录像

老师给学生放映录像。面对如此清新的画面，学生能比较坦然地观看。该录像动态地呈现了男性和女性的生理特征；播放了全身裸体图、器官切割平面图、性器官放大图……

调皮的孩子们羞怯地笑了。笑归笑，有些镜头一定能帮助他们解开心中的困惑，有些话语也一定能安抚他们成长中因为身体变化而引起的紧张情绪。

五、跟女孩子单独谈话

课上到这里，似乎可以告一段落了。老师却带着班上所有女生（6名）来到一个小小的会议室里。为了让留在教室里的男孩子们有事可做，老师给他们每人发了一张游戏纸，要他们在由一堆字母组成的大方格中，找出关于人体、生理现象的20个单词。

亲和力极强的老师邀请我去旁听她给女孩子们讲课。

在会议室里，女孩子们围着老师坐下。老师先拿出一张女性子宫解剖图，然后详细地讲解受精卵如何形成、胎儿如何在子宫里生长、胎儿如何顺利出生……

老师还拿出一个小小的、类似于铅笔袋的漂亮的塑料小袋子，然后拉开拉链，从中取出一条贴着卫生巾的内裤。老师告诉孩子们如何正确贴卫生巾，还建议每个孩子在月经期准备这样一条贴好卫生巾的内裤，并把它放入这样的一个小袋子里，这样的话，一旦出现尴尬情况，孩子们就可以拿着这个小袋子去卫生间换内裤，并把换下来的内裤装进这个小袋子里。

教师还亲切地与女孩子们讨论穿内衣的注意事项。女孩子们很活跃，纷纷提问，教师总是面带微笑地耐心回答，不愧为专业人士。她很细心地问每一个孩子是否有姐姐。如果哪个孩子回答"有姐姐"，老师会真诚地恭喜她，并建议她有问题时去问姐姐。我注意到老师没有问"你妈妈有没有跟你交流过这些"之类的问题。在离异家庭众多的当下，问这样的问题显然不如问"你有没有姐姐"来得合适。这个细节也充分体现了这个专业人员的优秀素质。

赏析与反思

这是一堂由专业人士给11岁的孩子们上的性教育课。在英国的性教育课上，学校聘请的专业人士会教育孩子们如何避孕、如何进行安全的性行为。专业人士对这些问题的讲解细致而通俗易懂。

对比英国小学温情自然的性教育，中国小学的生理教育严重缺失。我们的孩子在成长过程中，难道不需要接受这样专业的性教育吗？

记得有一年开展夏令营活动时，一个高年级的女孩子因第一次来例假而吓得放声大哭，我当时费了好大的劲才安抚她平静下来。第一次来例假成了这个孩子童年记忆中痛苦的经历。恐惧、担忧、羞愧，这么小的孩子就要承受如此复杂的感受，我对此不免心存怜惜。为什么我们给予的抚慰是那么的滞后与迟缓？为什么家长没有意识到孩子成长中的生理和心理变化？即使意识到了，家长和孩子的交流又有多少？

现在有不少孩子生活在单亲家庭里，女孩子跟父亲生活，或者男孩子跟母亲生活，这些孩子的生理困惑或许会更多。该怎样帮助孩子解决困惑呢？

到了小学高年级，很多女孩子的身体开始发育，可是我们的课程计划里依然没有相关的生理健康课，更不要说心理辅导课。有些女孩子由于怕被同学笑话，在生理期还坚持上体育课；有些女孩子由于没有跟妈妈生活在一起，每到生理期就紧张。而那些晚发育、不懂事的男孩子还要取笑那些身体发育得较为成熟的女孩子。面对这种情形，老师只是随机地干预，而这种干预是随性的、散乱的，没有英国小学的性教育那样专业、系统。看来，让孩子们知道身体的成长与发育是一件自然而美好的事情，给他们进行温情而适度的生理教育，真的不容疏忽、不容怠慢。

孩子的身体在发育、成长，他们的心理也在慢慢改变。在这一段路上，他们太需要温情的陪伴与呵护。我们期待着生理健康课、性教育活动早日走近中国的小学课堂！

（沈丽新，江苏省常熟市石梅小学）

一堂生动的德国环保课

视　点

　　德国非常重视包括环保、生态等内容的跨学科教育，也高度重视创新教育模式的运用。老师常常采用学生喜闻乐见的方式巧妙地达成教育目标。德国一年级的小学生刚到学校注册报到时就会领到一册环保记事本，上面印有森林、草原和田野等各种图案。从小学一年级开始，学校就教育孩子要热爱大自然，热爱人类生活的优美环境。各级学校把"维护令人舒适的雅致的环境"作为人格素质教育的重要内容，从小培养孩子对社会的责任感。

　　通过欣赏一堂生动的环保课，我们将得到更多的启示。

┃课堂回放┃

　　这是一堂在原始森林中上的别开生面的德国环保课，教育对象为中学生。

　　这堂课是在横跨德国东部三个州的哈茨自然保护区的原始森林中进行的，教师就是这儿的森林管理员（简称"森管员"）。这堂课分为六大板块：

　　第一板块，作为教师的森管员用极其生动的语言介绍这片森林的概况。讲到野猪时，他出示了一个野猪的头颅模型；谈到驯鹿时，他又从背包中取出一截鹿角（是鹿自然脱落的），并辅之以丰富、活泼的体态语言，生动地描绘出森林的景象。

　　第二板块，森管员创设一个老虎追驯鹿的场景，由孩子们来演示。

孩子们手拉手，在空地上围成一个圈，如同中国游戏"丢手绢"一般，道具就是一条白手绢（代表老虎）和一条蓝手绢（代表驯鹿），孩子们依次传递手中的手绢。"快快快！"孩子们进入了动物的追杀情境之中，紧张、急促、恐怖，动物之间的追杀通过这一简单、有趣的活动得以生动呈现。

第三板块，森管员带着孩子们玩积木。这块积木很大，应该是上这种课常用的教具之一。孩子们一截一截地翻转积木，在积木的不同侧面呈现出毛毛虫、啄木鸟、猫头鹰等图案。孩子们饶有兴味地玩转着积木，森管员则不失时机地向孩子们讲授森林中环环相扣、相互依存的生物链。

第四板块，森管员组织"森林探险"活动。森管员选出一个学生，然后让另一个学生蒙住这个学生的双眼，扶住其双肩，两人在森林中绕圈子，找到一棵树后，蒙眼者可以通过仔细触摸等方式熟悉该树的特征，最后让蒙眼者凭着记忆寻找那棵树。在此过程中，孩子们笑声迭起，整个场面相当热闹。

第五板块，全体学生与森林亲密接触。他们脱掉鞋子，蒙上双眼，赤足在草地上行走。没蒙眼的森管员走在最前头，学生们跟在后面，后面学生的手搭着前面学生的双肩，他们在森管员的提醒下在森林中慢走，切实感受草地、树根、石径、土路的气息。这样做是为了教育学生要保护大自然。

第六板块，全体学生参加一场特殊的跳远比赛，这是这堂课的高潮。简陋的沙坑边上竖立着画有驯鹿、老虎、兔子、狼、狗等动物形象的木牌子，上面清晰地写有每种动物的跑跳能力，这些木牌子根据上面画着的动物的跑跳能力的强弱依次排开。每一个学生都跃跃欲试，都想测测自己的弹跳能力究竟能与哪种动物比肩。这哪是体育竞赛，分明是趣味盎然的科普知识学习。这一创意来自班里的一位女生。

| 赏析与反思

　　环境保护与生态保护，这些关系人类社会未来的热门话题，早已

成为各国教育普遍重视的内容。关于环境保护与生态保护，中国的教育大有可为，但当这些关乎可持续发展的教学内容仅仅被置于地理、生物等课程之中，并且只能局限于传统课堂之中时，其教育效果可想而知。

教育需要创新。创新不仅是教育生生不息、充满活力的源泉所在，更是一个国家和民族进步的动力。唯有创新性的教育才能培养和造就具有创新意识与实践能力的学生，而具有创新能力的学生则会反哺教育，为教育带来新鲜气息。现场观摩这堂别具一格的环保课之后，笔者的脑海中一直萦绕着那个女学生及她创设的"跳远"项目，挥之不去。我想，孩子自己创设的教育手段与教育方式往往最具感染力、穿透力和影响力。让孩子在自己参与创设的教育情境中接受科学合理的教育，应当是所有国家的教育工作者都要提倡的。

（陆安，山东省青岛市教育局教研室特级教师）

个性飞扬的美国作文课

视 点

　　不同的文化背景造就了不同的教育理念和教育模式，这一点在作文教学上得到了充分体现。在美国的作文课上，教师注重的是让学生关心人类命运方面的世界性问题，鼓励学生展现自我意识、发挥自己的想象力等。可见，美国作文教学的目的主要是鼓励学生说出自己个性化的认识，而且作文的写法也没有定式，只要言之有理即可。

┃ 课堂回放 ┃

　　"你认为今天避免战争的最好办法是什么"、"中国的昨天和今天"、"你认为纳粹德国失败的原因是什么"、"如果你乘坐的轮船沉了，漂流到了一个荒岛上，你将怎样生活"、"评论想象中的一场音乐会"……这些题目，通常会出现在美国的作文课上。

　　美国的教师给学生定了作文题目后，就让学生搜集、整理大量资料。学生可以到图书馆查资料或进行社会调查访问，学生有充分的时间来准备和思考，以至形成自己的观点。这些话题都是发散性的，教师的主要任务是鼓励学生说出自己个性化的认识，学生不用考虑作文的格式，更不用考虑高深的立意。教师往往以大家都没有经历过的事情或没有看到过的场景为话题，让学生充分发挥想象力，从而激发学生写作文的兴趣。

　　在通常情况下，美国的老师要求孩子说真话、写实话。如写"我的爸爸"或"我的妈妈"时，美国的老师要求学生在一周内交稿，要求孩子们去采访父亲、母亲、爷爷、奶奶、外公、外婆，乃至伯伯、叔叔和邻居等，让孩子们在深刻、全面了解父亲或母亲的基础上，写出一篇生动而又深刻的调查报告或纪实文章。可见，美国教师的这种教法符合教学规律，不仅可以避免孩子说假话、空话，而且能够取得很好的教学效果。

▌ 赏析与反思 ▌

　　美国的作文课堂教学有其特点。首先，作文话题从学生中来。作文课一开始，老师就让学生讨论，什么话题都可以，老师若从中发现了学生都比较感兴趣的点就让学生写。一位低年级的教师发现他的学生对恐龙有着特别的兴趣，就特意借来有关恐龙的书刊、教学电影等，让学生阅读、观看。然后，他让学生以恐龙为主题进行写作。其次，强调教师和学生之间的合作。很多教师和学生共同选题、共同写作文、共同讨论和修改作文。有的教师还把自己写的作文带入课堂，向学生讲述自己的写作过程，并让学生讨论、评点和修改，这样可以提高学生的写作能力。再次，强调学生之间的合作。作文课堂教学一般分为三步骤：其一，学生根据要求敞开心扉，自由讨论；其二，学生写作，其间，整个课堂通常是比较安静的；其三，学生之间交换作文，并相互讨论和修改。

　　另外，美国的教师认为，假如想要学生把文章写得更好，那就要给学生充足的时间，等学生将作文修改好交上来后再做评判。这就要求教师耐心地评阅学生的作文，督促学生不断修改。

　　为了节省给学生的作文写评语的时间，美国的教师可以用磁带录音或口述录音机。教师可以把评论意见录下来，然后把磁带交给秘书，由秘书用打字机打出来。

　　下面是一则典型的口头评论：

　　乔治·琼斯：你的作文水平确实提高了。不过，在材料组织方面你还存在不足，例如，这主张放在第二段结尾处比放在第四段更好。你的句子有些单调。文章的结尾是成功的，正好契合了文章的整体格调。

大多数教师在看作文时既用话筒又用红铅笔。他们先做眉批然后口述他们的评论。

中国的作文教学过分追求社会认同的某种立意。我们的教师在作文教学中，一直把培养学生的情感放在重要位置。如写"难忘的一天"时，老师希望学生能通过那一天的所见所闻，感受到社会的变化、人情的冷暖等；如写"所见所闻"时，老师希望学生能对见闻里的受害人产生同情，对肇事者产生愤恨等；如写"我的理想"时，老师希望学生能写出一点自己的决心来，如"从现在起努力学习，长大后为祖国的建设作出贡献"、"为实现共产主义而奋斗"等等。

中国的教师一般希望学生的作文立意深远，构思独特而新颖，结构严谨等。在作文的取材上，我们要求学生选的素材来源于生活，追求素材的真实性，因此，我们学生的作文素材只能来自于自己的生活以及他们有限接触到的社会。在写作的时间上，我们没有留给学生充分的准备和思考时间，而要求学生当堂完成作文。按照现在的课时设置，一节课一般是40分钟，而我们要一个生活就是"两点一线"的学生在这么短的时间内完成一篇作文，当然难以达到教育目标。在作文的内容上，我们要求有真情实感。如布置"我最难忘的人"、"我的家乡"等作文题目时，我们则更多地要求学生将自己的所见所闻如实地记录下来，并要求主次分明，条理清楚。事实上，学生很难做到这一点。本来学生的生活就单调，连看课外书的时间也不多，更不用说有丰富的社会经历，在没有经过实地调研的情况下，学生只能在写作过程中说假话、空话，于是学生越来越怕写作文。

可见，我们的作文课堂教学与美国相比存在不小差距。对于学生的作文写作尤其是小学生的作文写作，我们完全应该去掉一些要求和限制，要让学生有话可说，并且可以随心所欲地说，只有这样，学生才不会怕写作文，学生的作文水平和综合素质才能得到较大的提高。

（袁光仁，江苏省常州市浦前中心小学）

英国语文课上"剪羊毛"

视　点

多少年来，我们的教师习惯于捧着课本进行灌输式的讲解，我们的学生习惯于倾听、接受……习惯了这一切的我们面对着新课改有些茫然、惶惑，我们不知道综合性教学该如何开展，我们不清楚对话教学该如何操作，我们也不太会开发课程资源。即便是第二轮课改开始了，好多问题我们仍然没有理清。因此，很多时候我们仍然是以旧的教学方式来应对新课改。相信下面这堂英国语文课对我们有所启发。

▌课堂回放▐

这是英国华德福（Waldorf）地区麦克荷小学三年级的一堂语文课。执教的老师先引导学生们回忆上周五清洗羊毛的过程。老师提出了"先做什么"、"闻到了什么味道"、"水的颜色有什么变化"等问题，学生不用举手，可以自由回答，常常是几个学生抢着回答。老师经过整理，总结出清洗羊毛的四个步骤：第一步，把羊毛用手拉扯开，使它变得蓬松。这时手沾上了羊油，还能闻到羊毛散发出的膻味；第二步，在水龙头下用温水清洗羊毛，开始水呈黄色，当水变清时羊毛也就变白了；第三步，把洗过的羊毛抖开来，放在桌子上晾干；第四步，把晾干的羊毛收起来，放进口袋里备用。在整个回忆过程中，老师把一些新单词或关键词写在了黑板上。最后由老师写出一篇关于清洗羊毛的短文，并让学生抄在作业本上。这篇短文就是他们的自编课文。

自编课文是华德福地区小学的教育特色之一，这些学校不用现成的课本，课文全部是教师或学生自己动手编写的。这些课文和学生的亲身经历有关。小学三年级的课文约有三分之二由老师写，三分之一由学生写。年级越高，学生自己写的课文占的比例就越大。

赏析与反思

观摩了这堂语文课之后，我们应该反思一下我们的课堂教学。作为教师的我们应该怎样来满足学生的学习需求呢？

第一，掘生活之泉。此次课程改革的一个核心理念是学习生活化。美国著名的哲学家、教育家杜威曾针对美国教育脱离社会生活、脱离儿童生活的弊端，提出过"教育即生活"的口号。换言之，学习在某种意义上也就是生活，尤其对儿童而言，学习是其人生历程中的必然选择。在上述的语文教学中，教师善于观察生活，善于引导学生从生活中学习，并将生活这一广阔天地中的资源恰当地加以利用。

第二，存主体精神。在英国的课堂中，学生大都是自由的，氛围也是非常宽松的，课堂教学更多的是学生的讨论，没有国内的整齐划一、严肃端正。我们需要认识到的是学生主动学习的重要性。教师必须使学生具备有意义学习的心向，使课堂成为师生之间、生生之间互动的舞台，让学生真正成为学习的主体。很难想象国内的教师和学生一起编写教材会是怎样一种情形。

第三，重实践能力。中国学生的书本知识掌握得很好，而实践操作能力却比较缺乏，这是我们教育的尴尬。我在《钱江晚报》上看到一则新闻，大意是当前就业形势严峻，很多学生找不到专业对口的工作，于是干脆考公务员或考研。这些学生十几年以来寒窗苦读，到头来仍然"苦考"——他们仿佛因考试而存在。其实，即使他们考上了，仅有书本知识也是不行的。他们陷入了"读书—考试—再读书—再考试"的循环往复中，忽视了实践操作能力的培养。

当然，外来的和尚经念得再好，他也必须适合当时当地的实际情况，否则难免"水土不服"。比如英国华德福地区麦克荷小学的做法就未必适合我国。因此，我们必须合理借鉴国外的教育经验，是吸纳其精华，而不是盲目"套用"。另外，在开发课程资源时，我们要遵循适时、适度、适量的原则。当前，我们尤其要重视学生的综合性学习，这对学生学习能力的提高很有帮助。

（俞国平，浙江省乐清市育英学校特级教师）

美国课堂里的数字故事

视　点

数字故事作为一种新的教学方式，在国外中小学已经开始普及。数字故事是通过一系列的图片、视频和讲述者的声音等来呈现故事的数字化小短片。学生可以从声音和画面中获取故事内容，并能够得到直观的感受。数字故事作为一种特别的表达方式，能够丰富作者的表达，特别是给那些表达能力欠佳的学生提供了一个展现自我的舞台。另外，数字故事作为一种新型的教与学的方式，体现了一种新的课程理念。它强调以学生为中心，强调小组合作学习，要求学生对现实生活进行探究，并通过数字故事的方式展现学生所掌握的知识和对问题的看法。在这个过程中，学生既是读者和作者，同时又是编剧和导演。国内小学三年级以上的学生基本上具备使用 PowerPoint 的能力，因此，我们可以将数字故事与学科教学相结合，这种研究性学习在国内具有很大的发展空间。

| 课堂回放一 |

与众不同的社区

这是美国格雷厄姆学校五年级学生的课后作业。学生对社区的特色之处进行了拍摄，并绘制了相应的图画，然后通过图像处理软件 iPhoto 将这些照片和图片有序地联结在一起，而且标注了社区的突出特点。通过这次活动，学生的观察能力、动手能力等得到了提高。

该作品是学生在教师的指导下完成的。教师的教学设计方案大体如下。

学习目标：（1）能够突出城市、郊区或农村地区的特色，描述它们的相似之处和不同之处。（2）识别城市中不同的地界标，并认识到它们的重要性。（3）阐述社区之间的不同之处。（4）了解社区提供的服务。

技术技能目标：（1）熟练使用数码相机。（2）运用 iPhoto 视频编辑软件输入和编辑照片，创建一个文本。（3）能够使用办公软件 AppleWorks 输入文本内容，并编写数字故事脚本。

教学过程的设计：教师让学生阅读故事《不同的社区》，并讨论故事中的社区与他们自己生活的社区的不同之处。

教师分派或让学生们自由选择生活社区，每个小组针对社区的特点进行讨论，并确定一个要表达的主题。然后，学生在网站上查找与社区相关的资料，并用数码相机拍摄社区的特色景物，还要为这个景物绘制图画。

教师让学生个人或小组用办公软件 AppleWorks 撰写一则故事，用这个故事来支撑他们想要表达的主题思想。

学生编排故事情节串联图板，也就是将每个要呈现的画面与故事情节相对应，并按照一定的顺序排列。

学生按照故事情节串联图板的内容，运用图像处理软件 iPhoto 将故事情节与图片、声音结合起来，制作一个精彩的数字故事作品。首先学生对作品进行自我评价，然后学生之间进行互评，最后教师提出修改意见。学生根据修改意见进一步完善作品。作品可以在家长会上展示，也可以制作成流媒体在网上发布。

注意事项：（1）利用办公软件 AppleWorks 编写脚本之后，学生应该为每一组文本文件、图画和拍摄的照片命名，并且文件名中应含有相同字母，比如对同一组中的文本文件、图画和照片可以分别命名为 fairtext. txt、fairdraw. jpg、fairphoto. jpg，这可以为编辑制作数字故事提供方便。（2）教师应将学生的绘画作品和拍摄的照片的尺寸设置成 640×480，以便在 iPhoto 中使用。

音乐数学

运用乘法口诀可以提高数学运算速度。为了熟练掌握和运用乘法口诀，许多学生利用音乐来辅助记忆，创作了个性化的旋律，并使用轻便的 iPod 播放器在课堂内外反复播放。这可以帮助学生记忆乘法口诀，从而提高学生的计算能力。

以下是斯普林菲尔学校的教育技术教师凯伦·汤普森的课堂教学设计方案。

学习目标：（1）学生们能够灵活编制旋律，以帮助自己记忆乘法口诀。（2）熟悉运用乘法口诀，提高数学计算能力。

技术技能目标：（1）熟练使用 iPod 和声音记录器。（2）熟练使用 iTunes 输入和输出声音文件。（3）能将作品保存到 CD 中。（4）会使用 GarageBand 创建原始声音。

前期准备和完成时间：对学生进行分组，给每组学生一类乘法口诀，并提供简单的实例作为参考。学生有一周的时间来编写、讨论和修改旋律。

教学过程的设计：每个小组创建乘法口诀旋律，并运用 iPod 和声音记录器记录他们创作的乘法口诀旋律。教师把各个小组创作的数学韵律保存到一起，供课堂教学使用或者将其刻成光盘让学生带回家使用。

设计步骤：（1）对学生进行分组，把同一类乘法口诀分配给一个小组，比如，分配给第一小组的乘法口诀是 1×2，2×2，3×2，4×2，5×2……（2）每个学生创作出一种韵律，并与小组的其他成员分享。（3）教师评价学生们创作的旋律，并提出修改建议。（4）学生使用 iPod 播放器和声音记录器记录这些旋律。（5）将学生的作品保存好，并制作一个播放器列表。（6）将整个播放器列表转移到课堂 iPod 播放器中，供学生收听。（7）将音频文件保存到一张用音乐软件 iTunes 制作的 CD 上，供学生在家里收听，或者帮助学生将音频文件正确地下载到 iPod 播放器中，并保存到 CD 机上。

　　注意事项：学生可以在数码音乐创作软件 GarageBand 中选择一个音频文件作为背景音乐，并添加到旋律中，还应将所有的音频文件保存到音乐软件 iTunes 中，并下载到 iPod 上，以便随时收听。

　　评价依据：每个小组可以相互评价，并提出修改的意见。评价者应该从旋律的编写和记录以及提高乘法口诀的记忆效果的角度来评价。

赏析与反思

　　从上述教学案例中不难看出，国外的教师能将数字故事恰当地应用于教学中，能够真正地将信息技术与课程整合在一起，并取得了很好的教学效果。我们可以从中得到一些有益启示：第一，语言表达贯穿于教学的各个环节，而且语言表达的方式是多样的。第二，我们应重视学生信息素养的培养。学生可以通过多种形式搜集、处理信息，并将信息整合到一起，从而制作成数字作品。第三，我们应鼓励学生在学习中灵活地运用各种工具。第四，数字故事在教学中的应用，有利于学生的全面发展和综合素质的提高。

　　　　　　　　　　　　　　　　　　　　　　（孙卫华　郑江艳）

国外数学课上的好问题品析

视　点

　　每个人在一生中都会遇到各式各样的问题，解决问题成了人生活中重要的事情。从国外的数学教学中我们可以感受到，教师普遍注重问题的解决。我发现把国外一些值得思考的好题目应用于教学实践中会产生意外的惊喜，同时，孩子们也很喜欢做这些题目。

‖ 课堂回放一 ‖

美国数学课上的好问题

　　问题一：根据实际情况，得出合理的计算结果。

　　1. 把 150 支铅笔平均分给 60 个学生，每人分得几支？

　　$150 \div 60 = 2$（支）……30（支）每人分得 2 支。

　　2. 有 150 个同学，每只船可以乘 60 个同学，需要几只船？

　　$150 \div 60 = 2$（只）……30（人）需要 3 只船。

　　3. 一部电影的放映时间为 150 分钟，它要放映多少小时？

　　$150 \div 60 = 2.5$（小时）要放映 2.5 小时。

　　问题二：借助数学思想，渗透统计意识。

　　有 4000 人要进城游行，市政府让他们填卡片，写上姓名和住址。在不对所有卡片进行整理的情况下，你知道东、西、南、北四个区分别有多少人参加吗？

　　本题可以用样本来预测。从 4000 张卡片中随意抽出 100 张，分给

5 个人，每人 20 张，然后统计如下：

东　区	西　区	南　区	北　区
////	ﬄ	ﬄ//	////
ﬄ	////	ﬄ//	///
///	ﬄ//	ﬄ	ﬄ
ﬄ	ﬄ	ﬄ//	///
ﬄ	////	ﬄ//	ﬄ
22	25	33	20

问题三：情境体验百分比，逐步达到数学化的理解。

1. 练足球还是参加乐队活动

小明通常在周三下午练足球，但这周他把练足球安排到周四了。妈妈问："你周四不是乐队有活动么？"小明回答说："妈妈不必担心，足球训练有百分之九十五的可能在周三进行。"你认为小明的回答会让妈妈放心吗？

2. 越野赛

张丽和安妮在议论周六将举行的越野赛。因为天气预报说比赛期间有大雨，所以，张丽认为有超过一半的参赛选手会在中途退出比赛。安妮同意她的看法，认为退出的人应在百分之六十左右。安妮为什么同意张丽的看法？张丽和安妮的说法听起来似乎并不一样。

3. 双胞胎议打折

双胞胎安德瑞和安德鲁刚在一间音像店里付完钱。安德瑞说："我们都享受了百分之十的折扣，但我们为什么没有拿到同样多的折扣款呢？我省了四块钱，你只省一块。"安德鲁说："虽然我比你省得少，可我很满意。"同样的折扣率怎么会拿到不一样的折扣款？说说你的理由。

4. 攒钱

去年秋天起魏尔开始攒钱买一辆新自行车。今天他数完攒下的钱之后长出一口气，说道："我已经攒了百分之二百的钱了！"弟弟在一旁听了，说："百分之二百？什么意思？"魏尔的话是什么意思？

5. 房租上涨

亲爱的妈妈：

　　学校很好，我也很好，但有一个消息很不好！房租下月起要涨百分之二十五，一个月两百块钱租金的日子过到头了。

　　房东尚未告诉我准确的租金数目，我想是在 200 到 300 块钱之间。为保险起见请寄给我 300 元（比本月多 100）。

你的祖尼塔

他的妈妈会作何反应？

　　6. 停车场（从充分利用停车场的角度思考问题，把百分比作为比较和估计的依据）

　　公用停车场共有四层，24 小时开放，每层可停车 100 辆。上午 8 点到下午 6 点之间，第一层仅供银行职工使用。因此，对公众来说，这个时间段仅有三层可用。

　　（1）计算一天之内停车场的使用情况，以两个小时为一时段，找出一天之内停车位最拥挤的时段。

　　（2）哪个停车场停得满？给出你的答案。

　　（3）每个停车场的红灯都应该亮吗？说明你是怎么算的。

　　点评： 问题一：这个题目都要用 150 除以 60，但是答案不一样。这需要学生结合生活中的实际情况，得出合理的计算结果，学生要学会判断。

　　问题二：采用样本统计的思想解题。100 个样本中有 20 人住北区，占 20%，由此可以预测 4000 人中约有 800 人住北区（4000 × 20% =

800 人）。同理，可以预测出其他各区的人数。

问题三：这样的情景学生在生活中可能遇到过，虽然没学过百分比，但他们已经在日常生活中积累了与此相关的经验。教师可以从学生回答问题的过程中获知学生的知识背景。教师应该给学生呈现大量的与百分比有关的素材，让学生充分地体会感悟，从而全面地理解百分比的内涵。

| 课堂回放二 |

德国数学课上的好题

问题一

20 马克可以买多少千克苹果？

问题二

1. 乌特买了 8 个柠檬，她用一枚 5 马克的硬币去付款，找回了 3 马克。

2. 玛丽亚帮助她的姑姑看奶酪摊。上周她帮了 20 个小时，得到工资 140 马克，这周她帮了 25 个小时。

点评：问题一：这种题目的设计给学生留有自由发挥的余地。学生可以在搜集有关的信息之后进行解题。这种题目按传统观点是无法解答的，属于条件不全的题。学生要完成这个题目，首先必须到商店或超市搜集苹果的价格信息，然后算出可购买苹果的数量，或搜集苹果的最高价和最低价，再算出可购买苹果数量的取值范围。

问题二：题目不设问，让学生自己去寻找合理的问题。教师可以从学生的设问中看出学生对信息的理解程度和处理能力。

当前，德国学校教育的内容大多取自于学生生活中的实际问题。他们认为，儿童应该运用数学方法来了解周围世界的真相，培养儿童运用数学方法来解决实际问题的能力至关重要。在现实生活中，问题的条件往往是不齐全的，我们必须首先搜集、整理信息，然后寻求问题的解决方法，最后才能得出答案。

教师在数学教学的过程中，应该给学生提供一些好问题。谌业锋老师曾说过，一个"好问题"应当具有以下三个特征：

第一，从学习者的角度来看，"好问题"必须具有可接受性、障碍性和探究性。可接受性是指问题要容易为学生所理解，要容易引起学生的关注；障碍性是指问题要是没有现成的解决方法就要与已学内容有一定联系；探究性是指学生要进行一定的探究后才能解决问题。在探究中学生的能力会得到提高。

第二，从教师的角度来看，"好问题"应当具有可控性。可控性是指教师引导学生解决问题时，要对整个过程加以适当的控制。

第三，从教学内容来看，问题要具有可生性。可生性是指所选取的问题在条件更改的情况下能产生新的问题，或变换思维角度有不同的解法。

我认为以上题目可以称之为好问题，因为它们具备好问题的特征。另外，我认为一个好问题应具有以下价值：

一是应用价值。荷兰著名数学家、教育家弗赖登塔尔曾经说过："不要忘记数学在社会中扮演的角色，在过去、现在一直到将来，教数学的教室不可能浮在半空中，而学数学的学生也必然是属于社会的。"因此，我们不该一味追求现代数学中形式变换的花样，而丢掉数学的应用，"应当在数学与现实的接触点之间寻找联系"。

的确，数学问题只有来源于真实的生活，才能激发学习者真实的认知需要。上述的几组国外小学数学题目有一个鲜明的特点：教师从生活情境中发现数学问题；学生利用生活中积累的常识和已习得的知识与方法，去寻求问题的解决之道，并在解决问题的过程中探索新的概念和方法，从而进入未知的数学领域。

二是探究价值。学生通过解决问题可以获得成就感，增强意志。因此，教师在设计问题时，要考虑问题的探究价值，也就是说，这个问题要能激发学生的探究心理，要能引起学生思考。正如维果茨基所说："如果思想是导致下雨的云，那么情感就是在思想后面使之运动的风。"我们看"百分比"这组题目，它们都是从有趣的背景出发，然后生出具体的问题。在解题的过程中，学生不知不觉就了解了抽象的百分比概念。这类问题能够激发学生主动探究的心向，从而提高学生的探究能力。

三是思维价值。学生的知识基础、认知方式对数学题目的解答极其重要。当然，题目的设计也很重要，一个好的问题应该具备适宜的难度和信息量。

德国的教师在设计题目时，给学生留有自由发挥的空间，空白让学生去填写。在解题过程中，学生可以自由地展开思维与想象，逐步学会从数学的角度来提出问题和理解问题。

学生通过解决问题要知道"如何去学"。学生个体在问题情境的刺激下，为了解决问题，需要进行积极的思考活动。因此，解决问题可以让学生养成思考的习惯，培养学生的思维能力。

数学不是生活经验的直接写照，它是研究数量、结构、变化以及空间模型等概念的一门学科，它来源于生活又远远高于生活，是一门具有很高的应用价值的科学。因此，教师要在抽象的数学知识与学生的生活经验之间搭建一个支架。例如，"百分比"这一组问题的设计是逐层深入的，从学生已有的生活经验和知识背景出发，让学生从实际问题中抽象出数学模型，并运用已经掌握的数学知识、数学思想和数学方法去解决问题。同时，学生要学会对已有的数学知识进行"数学化"组织，力求建构完善的数学认知结构。这样可以培养学生的应用意识和知识建构能力，为其今后的发展奠定坚实的数学文化基础。

我认为，一个教师如果想设计出一个好问题，就要学会创造性地加工和处理教材，对教材内容要做到取舍有度，同时还应考虑题目本身的启发性、新颖性、趣味性和互动性（启发性是指发展学生的思维能力；新颖性是指吸引学生的注意指向；趣味性是指激发学生的学习兴趣；互动性是指让学生积极参与，而不是等待问题的出现）。教师只有将课本研究活了，才能设计出好问题，才能保证题目的质量。教师要注重揭示数学与现实之间的联系，要通过解决实际问题来激发学生学习数学的兴趣，同时在解决问题的过程中要注重培养学生的解题思路。

"他山之石，可以攻玉"，国外在问题设计方面有很多成功的经验值得我们借鉴。我们应该认真分析、比较国内外已有的成功经验，继承已有的成果，从而促进教育教学水平的提高。

（李兰瑛，北京市海淀区中关村第二小学）

因材施教的英国复式数学课

视　点

　　坐在英国小学的数学课堂里，我这个中国小学数学教师开始重新审视"因材施教"这个词。我们一直提倡要因材施教，但我们真正做到因材施教了吗？

│ 课堂回放 │

　　这是一节数学课，上课的教师吕贝克（Rebecca）是澳大利亚人，她从 2006 年开始在英国当小学数学教师。她所教班级的学生组成比较有特色。据说，由于四年级的学生太顽皮，于是学校将四年级的学生分为两部分，将五年级的学生也分为两部分，然后重新组合成两个班级，每班既有四年级的学生，又有五年级的学生。这样的班级跟我国20 世纪 70 年代末曾在农村出现的复式班相似。

　　为了保证课堂秩序，老师规定同性同学不能挨着坐。然而，课堂秩序还是很不好。吕贝克似乎很不在意，还有个助教在帮她维持秩序，也帮着辅导学生。

　　吕贝克的数学课表面看着乱糟糟，其实仔细留意下，就能看出她很用心地备过课。老师的讲解大概只有十分钟，而学生的作业时间却有一个多小时。他们的计算速度很慢，做几道两位数乘一位数的计算题要花大半天。教师和助教在教室里来回巡视着，检查学生的作业完成情况，并及时辅导。

　　做作业时，孩子们的表现出乎我的意料。在作业时间内，孩子们一直在小声交谈、讨论。我还发现有两个男孩子整堂课都单独坐着，他们既不听课也不做作业，一直在画画，同时轻声交谈着，声音倒是很小，不会影响大家上课。我还是觉得很奇怪。吕贝克说，那两个孩子各方面的表现都非常糟糕，不喜欢学习，还经常想攻击别的孩子。因此，她跟这两个孩子约定好，只要不影响别人，他们想干什么就可以干什么，甚至可以出去玩。于是，这两个孩子就堂而皇之地在数学课上画画。听说他们偶尔也会愿意跟同学们一起学习，但这样的时候很少。我问吕贝克数学考试时他们怎么办。吕贝克很无奈地笑着说，等他们心情愉快的时候再给他们单独辅导。

我还发现当别的孩子在做作业时，有一个孩子在玩电脑游戏！每个教室里都有一台电脑，吕贝克正蹲在他身边，陪他玩游戏。这也是一个不肯写作业的孩子，但至少他肯听课。吕贝克知道他喜欢玩电脑游戏，于是，当别人做作业的时候，就安排他玩与数学有关的电脑游戏。

┃ 赏析与反思 ┃

复式教学不是一件容易的事情。我发现，英国的教师会为每节课设计三份乃至更多不同层次的作业，供不同学习能力的孩子使用。也就是说，他们每节课的教学都遵循"因材施教"的原则。

因此，虽然两个年级在一个教室里上课，但这并没有给吕贝克带来多大的困扰。从严格意义上讲，这节数学课不属于复式教学。教师在课前对教学内容进行设计，讲完后根据学生的具体情况布置不同层次的作业。很有意思的是，她会让四年级学习成绩好的学生做五年级学生的作业，而让五年级学习成绩不好的学生去做四年级学生的作业。

英国的小学四、五年级学生不需要参加统一的考试，这为学校如此灵活地划分班级提供了可能。

"因材施教"，这个在中国人口中流传了几千年的词语，在遥远的英国课堂里，却被演绎得如此淋漓尽致。作为一名教师，我明白教育要随顺孩子的天性，要正视每个孩子的发展差异，要因材施教。但在实际教学中我却很难真正做到。

如果让吕贝克来我的课堂，她还能做到"因材施教"吗？如果吕贝克独自面对50个孩子，在有限的40分钟内，还要奔走于3个或者3个以上的班级，这时她还能实现如此细致的分层教学吗？她还能如此有耐心地陪伴那个孩子玩游戏吗？她还有多少精力去单独辅导那两个不肯听课的孩子？

如果让吕贝克来我的课堂，当她面对期末考试整齐划一的试卷，面对合格率、优秀率的评比时，她还有必要出不同层次的试卷吗？她还有心情去迁就那些学困生吗？

如果让吕贝克来中国任教，或许她更愿意回到孔子年代。那时孔子的学生"冠者五六人，童子七八人"。这样的规模才适合因材施教。

可见，如果我们能够探索更加人性的"小班化"教学，那么"因材施教"就会不再是一句空话，就可以落到实处、落到细处。

（沈丽新，江苏省常熟市石梅小学）

关注学生需求的新加坡小学阅读课

视 点

教师在开发课程资源时，应该注重学生的需求，只有这样才能取得良好的教学效果。在下面这堂新加坡小学语文阅读课上，教师非常关注学生的需求，因此，这堂语文课取得了良好的教学效果。这堂课的阅读材料选自中国苏教版小学语文教材。

课堂回放

老师和学生一起欣赏诗歌《鲜花和星星》。

上课伊始，老师说："大家好！你们看看天空，可以看到什么？（云、太阳等）那么到了晚上你们能够看到什么呢？（星星、月亮等）"

老师说："大家都很聪明。"

老师在电脑上出示了一幅星星图片，然后问了学生以下几个问题：

1. 这是什么？（星星）

2. 你们觉得星星怎么样？（学生自由回答）

接着老师出示一幅鲜花图片，问了学生以下几个问题：

1. 这又是什么？（鲜花）

2. 你们觉得鲜花怎么样？（学生自由回答）

3. 你们知道鲜花和星星有什么联系吗？（学生自由回答）

老师告诉学生："今天我们要学一首儿童诗，这首诗会告诉我们鲜花和星星的联系，这首诗叫做《鲜花和星星》。"

随后，老师播放音乐，并读了一遍课文。学生一边看诗，一边听老师朗读。

接下来，老师让全班同学在音乐的伴奏下朗读一遍课文。学生朗读完以后，老师给出评定的标准（清楚、流利、有感情），并让学生自评。

然后，全班同学在音乐的伴奏下再一次朗读课文。最后老师点一名同学进行朗读。

之后，老师提出了以下几个问题：

1. 作者喜欢什么？（学生应回答"夏天满地的鲜花"，要是学生没有说"夏天满地"，老师则继续问"作者喜欢什么样的鲜花?"）

2. 作者在说"喜欢"的时候加了一个字来表达她的感情，请问是哪个字？（答案为"最"，老师告诉学生"最"用在这里就表明作者非常喜欢鲜花）

3. 作者是怎样描写鲜花的？（"这里一朵，那里一朵，真比天上的星星还多"）

4. 那"这里一朵，那里一朵"说明鲜花怎么样？（鲜花多）比什么多？（比天上的星星多）

5. 作者说鲜花的时候，是说一什么鲜花？（答案为"朵"，让学生知道"朵"是可以修饰鲜花数量的量词）

老师让全班同学一起把后半段诗歌读一遍，然后提出了以下问题：

1. 作者写的后半段是发生在什么时候的事情？（晚上的事情）从哪里可以看得出？（到了晚上）

2. 那她写的前半段是发生在什么时候的事情？（白天的事情）

3. 那到了晚上，花儿在做什么？（花儿睡觉了）

4. 花儿睡觉了，那作者在做什么？（数星星）

5. 那"这里一颗，那里一颗"说明星星怎么样？（星星多）比什么多？（比地上的花儿多）

6. 作者说星星的时候，是说一什么星星？（答案为"颗"，让学生知道"颗"是用来修饰星星的量词）

老师说："今天老师要教你们进行诗歌仿写。什么是仿写呢？仿写就是我们按照例子进行写作。今天我们只仿写这首诗的一部分。现在我们一起把前半段诗歌读一遍。"

读完之后，老师说："老师已经把这个段落的一部分帮你们写好了。你们仔细想一想，在横线上面填入恰当的词。老师要你们找两件喜欢的东西来写，也就是说你们要写两段。"

接着老师出示了题目。

我最喜欢

_____：

这里一_____，

那里一_____，

真比_____。

（提示：在"我最喜欢"的后面，学生要填写哪里的什么东西，在接下来的两条横线上，学生要填写量词，最后写上一个作比较的东西，可以写比什么多、比什么美等）

老师出示一些图片供学生参考，并让学生说出相应的量词。

最后，老师教学生做小书。

老师说："今天老师要教你们做一本小书，一本只有四页的小书。"

（老师在讲台前做示范）

步骤：

1. 先将纸张平放，然后将纸上下对折一次。

2. 再上下对折一次。

3. 纸张打开后，再左右对折一次，撕开后即出现八个格子。

4. 将纸依第一步上下对折，拿剪刀沿着中间的折线往开口处方向剪一格。

5. 拉住纸张对折处，将纸张立起来。

6. 抓住纸张两侧向下折，让纸张重叠。

7. 整理一下折痕，让书在合起来时能更加工整。

经过这些步骤，作品就完成了。

学生在小书的封面上写上自己的名字，也可以给小书起一个好听的书名，并写在上面。

学生在小书内文的第一页写上仿写的第一个段落，并在空白处画上画，在第二页写上仿写的第二个段落，并在空白处画画，在第三页进行自由创作，可以写上自己读了诗歌之后的想法或者画上喜欢的东西，也可以既写又画。

老师在下课前提问：在这节课上，我们做了些什么事情呢？（指明学生回答）

附课文

鲜花和星星

我最喜欢

夏天满地的鲜花：

这里一朵，

那里一朵，

真比天上的星星还多。

到了晚上，

花儿睡了，

我数着满天的星星：

这里一颗，

那里一颗，

真比地上的花儿还多。

| 赏析与反思 |

我反复品味这节课，感慨良多。这位老师在开发课程资源上下了很大工夫。

据了解，新加坡的小学生来源很广，有的来自讲华文的家庭，有的来自讲英文的家庭，还有一些来自讲韩文的家庭等等，学生的华文水平参差不齐。即使在同一所学校学习，学生学习的内容也有所不同。根据新加坡教育部的大纲要求，华文水平不高的学生要学习"中心教材"中的"导入单元"和"核心单元"，华文水平高的学生则学习"核心单元"和"深广单元"。为了更好地满足学生的学习需求，教育部给了学校的华文老师一定的自主权——老师在使用"中心教材"的同时，也可以根据需要自己编写或者使用其他阅读教材。

这节课的教学对象是小学二年级的学生，他们的华文水平一般。选用的儿童诗是中国苏教版小学语文第二册中的一篇课文。执教教师结合学生的需求，用心地开发了课程资源。

为了让学生更好地了解"量词"的用法，这位教师没有选用"中心教材"中的课文，而是独立开发了课程资源，而且其开发的课程资源非常契合儿童文学的四个基本特质：儿童性、文学性、趣味性和教育性。首先，这首诗具有儿童性。它与儿童的生活经验相关，并且是以儿童的口吻来写的。其次，这首诗具有文学性。学生可以从中体会文学之美。再次，这首诗具有趣味性。它能够激发学生的学习兴趣。最后，这首诗具有教育性。它可以让学生体会到大自然的美，让学生认识到生活中到处都有美好的事物，从而懂得去发现和欣赏美。这位教师开发课程资源时，密切关注学生的需求，真正做到了因材施教。

一、注重语言文字训练

学习语言的最终目的是运用语言。

在教学过程当中，该教师遵循"扶、放、收"的原则。"扶"是指引领学生理解和探究这首诗。"放"是指在仿写前，让学生用口头表达的方式，说出自己想写的内容。"收"是指让学生把自己的创作内容呈现在小书上面。教师先让学生体会课文中量词的用法，然后指导学生进行仿写。仿写时，教师给出了语言模式，并给学生提供一些图片作为参考，让学生慢慢学会运用语言。学生在运用语言的过程中，既有共同的创作，又有独立的体验和思考。仿写之后，学生的语言文字训练并没有结束，教师又利用制作小书的环节来巩固学生的知识。在这一环节中，学生有很大的自由发挥空间，可以有个性化的感悟，还可以画画等，语言文字的训练落到了实处。

二、注重综合性教学

该教师充分尊重学生的主体地位，重视学生的自主学习，并将语文教学与其他学科的教学结合起来，从而促进学生的合作能力、探究能力和协调能力的提高。

首先，该课堂教学体现了语文性，它致力于学生语文素养的形成和发展。通过制作小书，学生能比较熟练地掌握量词的运用和仿写的技能。

其次，它体现了综合性。在学习内容上，它注重语文与其他学科的融合、书本知识与实践活动的结合。在学习方法上，它运用了小组合作、学生独立探究等多种教学方法和手段。在学习功能上，它不单追求智育目标，还注重学生的能力与情感、态度、价值观的整合。在这种情境下，语文教学不仅仅是语言学习，它能促进学生的全面发展。

第三，它体现了开放性。学生的学习时空开放了，学生在课堂上没有做完的练习可以带回家完成。学习目标开放了，掌握语文知识不再是唯一目标，培养实践能力和艺术想象力也成了学习的目标。教学评价也开放了，评价更注重过程。

第四，它体现了实践性。学生在自主学习过程中提高了语文素养，发展了实践能力。

最后，它体现了自主性。制作小书是一项充满个性化创造的学习活动，写什么、画什么、怎样写、怎样画均由学生在教师的指导下自主决定。

当前，我们的教师在上语文课的时候，常常是"教教材"。结合学生的实际情况对教材内容进行增删的都很少见，更不用说开发课程资源了。这节课为我国教育的发展提供了有益的借鉴。事实证明，"唯教材"，完全忽视学生的实际情况，不注重因材施教，把所有的学生当成流水线上的产品一样进行机械的教学，都不可能取得良好的教学效果。什么叫以人为本，什么叫以学生为主体，这位教师已经给了我们最好的诠释。

课改以后，过分地挖掘文本的人文内涵、忽视学生的语言文字训练成为了我国当前语文课堂教学的常态。结果，在文本的肆意解读下，学生基本知识的学习和基础技能的培养被忽略了，这是我国当前教育中存在的一个重要问题。

课文无非是个例子，关键是如何利用这个例子对学生进行充分的语言文字训练，并让学生掌握语言学习的方法，从而达成学习目标。这节课无疑给了我们有益的启示。

（刘关军，湖北省松滋市麻水小学）

美国课堂上的快乐参与

视 点

　　让教师、学生、家长和媒体记者都参与到课堂教学中，会是怎样一种景象？在美国的一节展示课上，我感受到了教师、学生、家长和媒体记者共同参与的课堂教学所带来的快乐。

▌课堂回放 ▌

　　这是美国亚特兰大皮特纳小学两个班级的阅读汇报展示课。走进这间大教室时，我们发现整个大教室坐满了人，靠着墙席地而坐（在美国的学校参观时，我们发现学生常常会席地而坐，当然教室的地面大都比较干净，有的还铺有地毯）的是高年级的学生，坐在教室中间的地面上的是低年级的学生，我猜是一年级或者学前班的学生，跟他们坐在一起的还有两三个老师，另外，还有一些家长，在教室后面的空地处，放了几把椅子，好像是为我们准备的。

　　上课后，首先是任课教师介绍同学们要汇报的一些内容，然后学生就开始展示。这些高年级的学生根据教材内容改编创作了戏剧作品，这些作品是小组成员分工合作而成的。进行作品展示时，小组成员之间还要相互合作。有的把事先画好的大幅纸背景贴到墙上，有的扮演相关的角色，有的配音……表演完了，小组全体同学集体上台谢幕，全场观众报以热烈的掌声。每一个观众都自觉遵守秩序，连一年级的学生也不例外——他们看得可认真了，除了个别学生因要上厕所由专人带出教室外，课堂气氛自始至终都非常和谐、美好。

课大概上到一半时，有几个记者模样的人悄悄地从教室后门进来了。他们有的胸前挂着相机，有的肩扛录像机，还有的手举麦克风，他们静静地看着、听着、记录着，并没有打断学生们的表演。

下课前，老师和同学对这节课进行了小结。我想这样的课堂会给在场的每一个学生留下比较深刻的印象。据该校的老师介绍，这样的教学方式在平时的课堂中经常可以看到。

显然，它跟我平时看到的普通的阅读汇报展示课不同。它注重培养学生的主体创造精神及团队合作精神，还恰当地创设了平台，供学生展示、分享自己的学习成果。

赏析与反思

观摩了这节阅读汇报展示课之后，我感触良多。这节阅读汇报展示课有以下特点：

第一，充分尊重学生的独立人格。美国的教育真实自然地体现了对学生的尊重。在听课时，我感受最深的是教师对学生主体地位的充分尊重，听得最多的是教师对学生发自内心的肯定、鼓励及表扬。在课堂上，教师会让学生多提出问题，并展开讨论。这节阅读汇报展示课告诉我们：人人都有创造的意识与创造的能力，人人都有被尊重和被肯定的欲望。马斯洛的需要层次理论也指出，尊重的需要和自我实现的需要是最高的两个层次。

美国的教师就是在这样一次次看似平常的活动中，充分尊重学生的独立人格，不断地鼓励、肯定学生，从而提升学生的创造意识、团队合作能力及实践创造能力的。

第二，采用生动的教学方法。在这节阅读展示活动课上，教师鼓励学生大胆地进行阅读演绎方式的创新，要学生"自主理解、合作表演、个性解说"，还创设了供学生充分展示学习成果的平台。教师请低年级的学生及家长观看，并请记者前来采访等，让学生的学习成果得到了充分尊重。美国的教师会千方百计激发学生学习的兴趣，并尽力选用生动有趣的方法指导学生学习和思考。

第三，综合利用各种教育资源。美国的家长是"教育团体"中的特殊成员，他们是学校或教育机构的永久伙伴。学校校务委员会必须要有一定数量的家长参加。许多家长专职陪同孩子学习，因此经常在学校里做义工，帮助老师照看学生。在这节课上，我也看到了不少家长。

　　　　　　　　　　　　（周步新，浙江省宁波市泗洲潞小学特级教师）

以生为本的英国阅读课

视　点

在课堂教学中，有多少老师能真正做到关注学生的需求呢？尽管新课程改革对教师提出了"关注每一个学生的需求"的要求，但要真正做到这一点，对很多教师来说是相当难的。英国的一节阅读课引发了我对此话题的再思考。

▌课堂回放▐

上课铃响了，孩子们跑进教室，这节课老师要讲解的是《灰姑娘》。

老师先请一个孩子上台给同学们讲一讲这个故事。孩子很快讲完了，老师对他表示了感谢，然后开始向全班同学提问。

老师：你们喜欢故事里面的哪一个人物？不喜欢哪一个人物？为什么？

学生：喜欢辛黛瑞拉（灰姑娘）和王子，不喜欢她的后妈和姐姐。因为辛黛瑞拉善良、可爱、漂亮，后妈和姐姐对辛黛瑞拉不好。

老师：如果在午夜12点的时候，辛黛瑞拉没有来得及跳上她的南瓜马车，你们想一想，可能会出现什么情况？

学生：辛黛瑞拉会变成原来脏脏的样子，穿着破旧的衣服。哎呀，那就惨啦！

老师：所以，你们一定要做到守时，不然就可能给自己带来麻烦。你们看，你们每个人平时都打扮得漂漂亮亮的，千万不要突然邋遢地出现在别人面前，不然你们的朋友要吓着了。女孩子们更要注意，将来你们长大后和男孩子约会时，要是你不注意，让你的男朋友看到你很难看的样子，他可能就吓昏了。（老师做昏倒状，全班同学大笑）

过了一会儿，老师提出了下一个问题：如果你是辛黛瑞拉的后妈，你会不会阻止辛黛瑞拉去参加王子的舞会？你们一定要诚实回答哦！

过了一会儿，有学生举手回答：如果我是辛黛瑞拉的后妈，我会阻止她去参加王子的舞会。

老师：为什么？

学生：因为我爱自己的女儿，我希望自己的女儿当上王后。

老师：我们眼中的后妈好像不是好人，其实她们只是对别人不够好，对自己的孩子却很好，你们明白了吗？她们不是坏人，只是她们还不能够像爱自己的孩子一样去爱其他孩子。

接着老师问下一个问题：辛黛瑞拉的后妈不让她去参加王子的舞会，甚至把门锁起来，而辛黛瑞拉为什么能够去，而且能成为舞会上最美丽的姑娘呢？

学生：因为有仙女帮助她，仙女给她漂亮的衣服，还把南瓜变成马车，把狗和老鼠变成仆人。

老师：对，说得很好！如果辛黛瑞拉没有得到仙女的帮助，她是不可能去参加舞会的，是不是？

学生：是的！

老师：如果狗和老鼠都不愿意帮助她，那她能在最后的时刻成功地跑回家吗？

学生：不能，那样她就可以成功地吓到王子了。（全班同学再次大笑）

老师：虽然辛黛瑞拉有仙女的帮助，但是光有仙女的帮助还不够。孩子们，无论走到哪里，你们都需要朋友，我希望你们有很多很多的朋友。下面，请你们想一想，如果辛黛瑞拉因为后妈的阻止而放弃了参加舞会的机会，她有可能成为王子的新娘吗？

学生：不可能！那样的话，她就不会在舞会上出现，就不会遇到王子，王子就不会爱上她了。

老师：对极了！如果辛黛瑞拉自己不想参加舞会，就算她的后妈支持她，她也不会去，是谁要她去参加王子的舞会的？

学生：她自己。

老师：是的，她的后妈不爱她，但辛黛瑞拉爱她自己，因此，她才可能去寻找她希望得到的东西。你们当中有人如果觉得没有人爱，或者像辛黛瑞拉一样有一个不爱自己的后妈，该怎么办？

学生：爱自己！

老师：对，没有人可以阻止你爱自己，如果觉得别人不够爱你，你就要加倍地爱自己；如果别人没有给你机会，你就要给自己更多机会；如果真的爱自己，你们就会找到自己想要的东西。没有人可以阻止辛黛瑞拉参加王子的舞会，没有人可以阻止辛黛瑞拉当上王后，除了她自己。对不对？

学生：对！

老师：最后我想问大家，这个故事有什么不合理的地方？

学生：作者说午夜12点以后所有的东西都要变回原样，可是辛黛瑞拉的水晶鞋没有变回去。

老师：天哪，你们太棒了！你们看，就是伟大的作家也有出错的时候，因此，出错不是什么可怕的事情。你们当中谁将来要是当了作家，说不定比这个作家更棒！你们相信吗？

孩子们欢呼雀跃。

这就是英国一所普通小学的一堂阅读课。

| 赏析与反思 |

《灰姑娘》是世界童话名篇。该老师并没有引导学生去体会主人公坎坷的遭遇，而是通过和学生一起讨论是谁让灰姑娘参加舞会的，让学生认识到灰姑娘爱自己，追求自己渴望的东西，最终成为了王子的新娘，从而让学生懂得要加倍地爱自己。

这样的教学会在学生幼小的心灵里留下关于"我"的思考：要珍爱自我，永不自弃。学生从故事中读到的是关于自强自爱的人生智慧。

教师采用启发性提问的方法，让学生认识到故事中的后母不是坏人，只不过她没能像爱自己的孩子那样爱其他的孩子。教师没有一概否定后母的为人，没有组织学生对其进行声讨批判，更没有唱道德高调——号召学生关心他人胜过关心自己及亲人。

我们常说教书育人，在以上案例中，我们感受到了国外的教育工作者是如何做到教书育人的。这里的育人不是空洞的说教，而是教给学生生存的智慧，让学生懂得珍惜自我，实现自我，以积极的态度投入到并不完美的现实生活中去。

然而，在国内，有多少老师会关注学生的人格发展呢？随着时代的进步，我们的教育观念、教育方式发生了深刻的变化。但是，我们的教育水平发生了多大的改观呢？

国内外教育对学生人格发展的重视程度是不一样的。国外的学生的人格得到更多的尊重和保护，他们可以要求，可以拒绝，可以申诉，并且在老师的启发诱导下，在心灵中给自己留下一个广阔的空间。而国内的学生以服从为美德，服从师长，服从学校。学生稍有不从，就会受到老师的批评，甚至是惩罚。在被动的服从中，学生的心灵备受压抑，从而影响到身心的健康发展。

（陕声祥，湖北省公安县甘家厂中心学校）

另辟蹊径解决问题的美国数学课

视　点

解决疑难一直是小学数学课堂教学中的重点。我不久前听了一节美国教师上的小学数学课，发现这位老师勇于另辟蹊径，把这个问题处理得相当好。

| 课堂回放 |

一、抛出研究问题，激发学生的探究欲望

老师：我们已经学习了长方体和正方体的体积的求法，哪位同学说说？

（学生的回答略）

老师：长方体和正方体是形状很规则的物体，可生活中有许多形状不规则的物体，你们说说有哪些？

学生：面团、胡萝卜、蔬菜、水果等。

老师：现在桌上放着的这堆沙子有没有体积呢？

学生：有！

老师：这堆沙子的体积有多大就是本节课要研究的内容。（出示标题《一堆沙子的体积有多大》）大家试着估算一下？

学生1：1.5立方分米。

学生2：1立方分米。

学生3：10立方分米。

学生 4：15 立方分米。

……

老师：大家对这堆沙子体积的估计相差很大，到底谁估算得比较准确呢？

学生：我们可以通过计算来验证谁估算得比较准确。

老师：通过计算来验证确实是个好办法，那么如何进行计算呢？

二、小组合作探究，体现集体智慧

老师：为了帮助大家求出这堆沙子的体积，老师为大家准备了一些工具：长方体和正方体的盒子、标有刻度的烧杯、可乐桶、铲子、直尺等。大家可以借助这些工具，也可以不借助这些工具，只要能求出这堆沙子的体积就行。

学习小组活动提纲：

（1）讨论问题解决的方案。

（2）实施方案，进行测量。

（3）记录好测量数据。

（4）求出沙子的体积。（可用计算器）

小组活动开始后，教师深入各组与学生进行平等交流，交流时间大约为 12 分钟。

三、各组汇报交流，创新火花闪烁

方法一

学生：把沙子装在一个长方体容器里，正好装满。测得长方体容器的长是 19 厘米，宽是 8 厘米，高是 9 厘米。于是求得这堆沙子的体积为：$19 \times 8 \times 9 = 1368$ 立方厘米。

老师：为什么要把沙子装在长方体的盒子里呢？

学生：这样就把这堆沙子的体积转化为长方体的体积了。

老师：他们组巧妙地把这堆沙子的体积转化为长方体的体积，大家觉得怎样？用这种方法时要注意什么？（沙子的高最好从里面量，这样可以减少误差）还有哪个组也想出了这种方法？

学生：我们组把沙子装在一个大长方体容器里，但没有装满，于是我们想出了两种计算沙子体积的方法：一种是直接量出长方体的长、宽和沙子的高，然后求出沙子的体积；另一种是量出长方体的长、宽、高和上面空出来的高度，再用长方体的体积减去上面空出来的小长方体的体积。

方法二

学生：我们先把一部分沙子装进正方体容器里，测得这部分沙子的体积为 $1 \times 1 \times 1 = 1$ 立方分米（1000 立方厘米），然后把剩下的沙子装进 200 毫升的烧杯中，不足两杯。得出沙子的体积为：1000 立方厘米 + 200 立方厘米 + 150 立方厘米 = 1350 立方厘米。

老师：你们采用的这种方法有什么特点？

学生：我们使用了正方体容器和烧杯两种工具，然后把三部分体积加起来，就求出了沙子的体积。

老师：他们组充分利用了烧杯上的刻度，把烧杯作为一种测量工具。最后把使用烧杯测出的沙子体积和使用正方体容器测出的沙子体积相加，也测出了沙子的体积。

方法三

学生：我们用烧杯测量了 7 次。得出沙子的体积为：$200 \times 7 = 1400$ 毫升 = 1400 立方厘米。

老师：你们采用的这种方法有什么特点？

学生：我们直接用烧杯测量，操作起来很简单。

老师：他们组利用烧杯上的刻度就算出了沙子的体积，非常巧妙。

方法四

学生：我们利用可乐罐上的刻度也测出了沙子的体积。得出沙子的体积为：$350 \times 4 = 1400$ 毫升 = 1400 立方厘米。

方法五

学生：我们想出了另外一种办法，我们没有使用您提供的工具，而是把沙子堆成一个长方体，再测出沙子的长、宽、高，这样也求出了沙子的体积。得出沙子的体积为：$20 \times 10 \times 7 = 1400$ 立方厘米。

老师：他们组在没有使用老师提供的任何工具的情况下，也求出了沙子的体积，这种方法很好。如果不堆成长方体，我们还可以堆成

什么形状？（正方体、圆锥体、堤坝体等）

方法六

学生：我们也想出了一种办法，但还没有实施。我们想把沙子装进一个塑料袋里，封好口之后，把塑料袋放进一个长方体水箱里，然后测量水的上涨高度，这样就能算出长方体的体积。

老师：这种方法也很棒，课后我们可以继续探讨。

四、梳理归纳，总结提升

老师：我们已经想出了 6 种方法，大家能不能把这 6 种方法进行归类呢？

学生 1：可以把利用长方体和正方体容器测量的方法归为一类，都属于转化体积。把用烧杯直接测量的方法归为一类。

学生 2：堆成长方体的方法也属于转化一类。

学生 3：放进水箱的方法也可以算作转化一类。

学生 4：用正方体容器和烧杯两种工具测量的方法归为一类，因为它既有转化又有测量。

老师：说得很好！烧杯是什么形状？（圆柱体）沙子的体积可以转化为圆柱体的体积吗？（可以）你们还未学圆柱体体积的算法，却知道充分利用烧杯上的刻度，不愧为聪明之举。通过这节课的学习，你们有什么收获？

学生 5：学会了求不规则物体的体积。

学生 6：学会了用转化和测量的方法求体积。

学生 7：我们组在没使用老师提供的工具的情况下，也求出了沙子的体积。这让我明白了在学习中要开动脑筋。

| 赏析与反思 |

这位教师在讲解了长方体和正方体的体积、容积和表面积的算法后，安排了这样一次综合应用课。笔者感受到这位教师不仅在素材的选取和教学方式的运用上有独到之处，而且善于调动课堂气氛、开发学生思维。从中美教育比较研究的视角来看，这堂美国数学课有以下两个特色：

第一，让学生在非常规问题的解决中获得"大观念"和"大方法"。在教学过程中，我们可以让学生亲自去收集、甄别筛选、分析处理信息，然后再进行归纳结论。通过解决这种非常规问题，学生可以获得"大观念"和"大方法"。解常规题则是一种基础训练，学生在解常规题的过程中，使用的是已有的常规技巧，即"小方法"。我们既要让学生掌握"小方法"，也要让学生掌握"大方法"。该教师根据学生的年龄特点，巧妙地选择了"求一堆沙子的体积"这个非常规问题。在教学过程中，该教师先引导学生估算，在学生的估算结果差异很大的情况下，再引导学生进行科学探究，最后由学生总结归纳出转化和测量等解题方法。该教师不是把解题方法作为知识传授给学生，而是让学生在自主探索中去寻找多种解决问题的办法，这有利于学生的创新能力、合作能力和探究能力的发展。

第二，在重视常规策略的基础上，发展学生的创造性思维。从中美教育的比较研究中我们发现，中国的学生善于使用抽象策略，而美国的学生则倾向于使用具体策略；中国的学生更善于使用常规策略解决问题，而美国的学生在策略的创造上有明显的优势。因此，我们有必要认真研究中美两国的课堂教学，以便取长补短，提高我国的教育水平。在本堂课上，该教师特意为学生准备了长方体和正方体的容器、标有刻度的烧杯以及可乐桶，引导学生利用工具来求出沙子的体积。另外，该教师还鼓励学生不用这些工具来解决问题，激发了学生的创造性思维，引导学生得出了多种解决问题的办法。该教师还抓住学生创造性思维的闪光点及时评价和点拨，使学生体会到了解决问题的成功和快乐。

（赵美荣，北京市通州区教师研修中心特级教师）

一堂"安静"的新加坡音乐课

视　点

　　小学音乐课到底该怎样上呢？国内的一些音乐课堂总是给人"闹哄哄"的感觉。事实上，教师不仅要传授给学生音乐知识，还要重视学生审美能力的培养和创新精神的激发。在新加坡从事小学音乐教学多年的林老师告诉我们，音乐课也可以安静地上，她与众不同的教学法给我们带来了全新的思考。

┃ 课堂回放 ┃

　　得知有"国外的老师"来上音乐课，孩子们很兴奋。课前孩子们为选唱什么歌欢迎老师就已经闹翻了天，最后他们决定唱《每当我经过老师窗前》。学生们的歌声非常响亮，教室里闹哄哄的。

　　就在这时，林老师走进了教室。见此情景，她眉头微微一皱，把食指放在唇边，做了个"小点声"的动作，然后小声地说："嘘，小点声！不要影响其他班级上课。"

　　她的话仿佛有一种魔力，学生们马上安静下来了。

　　林老师说了一声"上课"，然后值日生喊"起立"，学生们起立并向老师敬礼，还说了一声"老师好"。林老师弯腰回礼，然后柔柔地说："大家午安！"

　　她的声音虽然淡淡的，但像朋友之间那样随意、自然，仿佛在向孩子们传递着这样的信息：她是孩子们的大姐姐，是他们可以亲近、信赖的人。

在整堂课上，你看不到林老师牵强的教材处理、生硬的教学组织及夸张的表演，你能看到的是她与孩子们交流的那份自信与从容，她时刻关注着孩子们的心理感受。孩子们也都在安静地学习。

在自然平静的氛围中，师生用心地思考或倾听，没有紧张，只有各种思想碰撞，每个人都身心舒展。

课后学生们甚至不叫她"林老师"，而叫她"Miss Lin"（林小姐）！她也很随意地称呼学生为"小张"、"小李"等。

‖ 赏析与反思 ‖

这真是一堂清新、安静的课。

"风声、雨声、读书声，声声入耳"，这是我们耳熟能详的一句话。校园里读书声朗朗也是我们希望见到的情形。可是在我们的课堂上，很多学生声嘶力竭地把嗓子喊破，甚至教师的声音也大得惊人。

为什么我们的课堂总是"闹哄哄"的？显然，这是因为我们的教师和学生都习惯于发出自己的声音，而缺少倾听。先声夺人，以声音的高八度掩盖思想之贫乏，都不利于教育目标的实现。

笔者曾听过许多课，仔细琢磨我们的大部分课堂，却发现教师居高临下，学生俯首帖耳，民主平等、融洽和谐的师生关系太少。

我们应该从林老师的课中吸取有益经验，从而促进良好师生关系的建立。

（刘关军，湖北省松滋市麻水小学）

一堂彰显英国本土特色的生物实验课

视　点

如何让学生掌握科学研究的一般流程？英国曼彻斯特城市大学的科林·比尔比博士认为，激励学生的最好途径是指导他们去做真实的科学研究，引导他们提出问题，让他们亲自参与到研究中去。科林·比尔比博士以"铜对植物生长的影响"为题，给我们模拟讲授了一堂生物实验课，让我们领略了英国科学教育的魅力。

▎课堂回放 ▎

这是一堂很有英国本土特色的生物实验课。

教学步骤一：巧妙创设情境，激发学习兴趣，让学生提出研究选题

上课开始，科林·比尔比博士展示了当地报纸上的一则新闻（图1），并告诉学生新闻中的矿井就在他们学校的附近，问学生能获得哪些信息、提出哪些问题。大家纷纷提出问题，如"铜会不会影响植物发芽"、"铜会不会影响植物生长"、"不同浓度的铜对植物生长的影响"、"是不是有些植物对铜的接受程度比其他的植物要高"、"植物需要哪些矿物质来保证健康生长"、"植物是不是获得的矿物质越多就生长得越好"、"植物是如何在贫瘠的土壤中生长的"等。科林·比尔比博士表扬了所有提出问题的学生后，问："你们打算如何来研究你们刚才提出的问题呢？怎样进行实验设计？"在老师的引导下，学生开始对自己提出的问题进行深入思考。

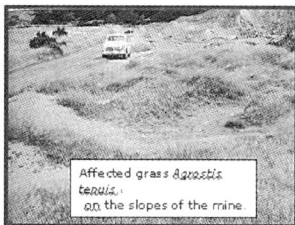

来自旧矿井的铜污染潜在的健康威胁

上个月，由于暴雨，旧矿井倒塌并被地表积水淹没。"过剩的地表积水从旧矿井中流入河床"。科学家称："排出的污水PH值在2左右，比醋的酸性更高，并含有大量的金属特质，其中包括铜，锌和铁。"不仅邻近牧场和麦田的植被开始枯死，新树苗也无法生长。很可能污水渗入沟渠，导致了许多种类绿藻的死亡。专家甚至担心污染物可能污染到饮用水。但是令人惊讶的是，一种名为春蚕缀的植物却在这种污染环境中苗壮成长。科学家发现，这种植物有在不危及自身生长的情况下，汲取和储存极高浓度重金属的能力。

Affected grass *Agrostis tenuis.*
on the slopes of the mine.

图 1

教学步骤二：对学生进行分组，让小组成员共同设计实验并实施

科林·比尔比博士按研究课题对学生进行了分组，让小组成员共同设计实验并实施。例如，有一个小组想研究不同浓度的铜对植物生长的影响，科林·比尔比博士给学生提供了芥菜种子作为研究材料，并提供了从矿井处获取的含铜污水以及培养皿、滤纸、镊子等。该小组自主讨论之后，设置了 10 组实验，每组用塑料圆形格子纸垫在培养皿底部，并覆盖上滤纸，第一组的滤纸用清水湿润，其他各组的滤纸用污水和清水配制成不同浓度的混合剂分别湿润，每组再等距放置 10 个芥菜种子，盖上盖子后，用胶带固定好，再把 10 组培养皿直立地放在经回收的一次性饭盒中，然后把它们放在相同的环境中培养三天，如图 2、3 所示。

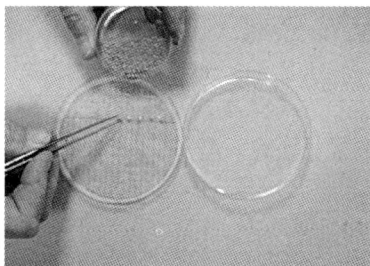

图 2

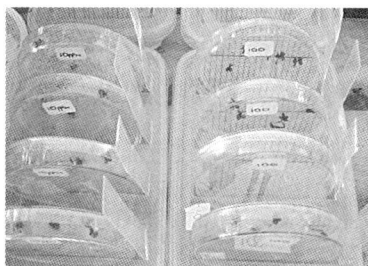

图 3

在收集测量数据之前，科林·比尔比博士要学生思考一个问题："我们能从萌发的芥菜种子中得到哪些有价值的数据？"最后学生从萌芽的芥菜种子中得出了根长、芽长以及发芽率等数据（图4）。虽然数据众多，工作烦琐，但由于是自己的劳动成果，又都想早点知道实验结果，学生们不但不觉得苦，反而兴趣盎然，乐在其中。

Collecting primary data

Cu (ppm)	Germination		Root length (mm)										
	Nos	%	1	2	3	4	5	6	7	8	9	10	mean
0	9	90	48	22	66	62	94	84	14	88	75		60.3
10	10	100	78	60	55	65	70	65	55	55	64	60	62
25	9	90	2	30	42	18	44	19	28	14	2		21.9
50	8	80	18	37	24	2	8	19	9	12			16.1
75	9	90	8	5	15	15	14	14	9	4	20		11.8
100	9	90	20	6	2	8	17	16	27	10	8		12.2
125	10	100	2	6	14	11	4	16	11	13	17	10	10.3
150	10	100	2	2	2	2	2	16	2	2	4	6	3.8
175	7	70	12	4	10	10	10	12	6				9.1
200	7	70	2	2	2	2	2	2	2				2.0

图 4

在科林·比尔比博士的指导下，学生们对收集到的数据进行了深入分析，并绘制成直观的直方图（图5）。这个图能反映出不同浓度的含铜污水对芥菜根茎生长的影响。

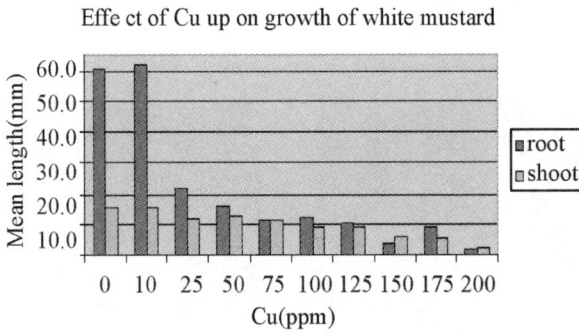

Effe ct of Cu up on growth of white mustard

root
shoot

Mean length(mm)

Cu(ppm)

图 5

教学步骤三：对研究成果进行分析与评价，激发学生深入探究的兴趣

如何运用创造性思维来分析数据，从而获取能支持科学观点的证据？如何发展科学理论并运用科学理论和模型去解释或解决生活中的问题？科林·比尔比博士认为，要运用专业术语、符号和信息交流工具（比如电脑）对现有信息进行表达，然后提出自己的观点并进行总结分析。根据图5的直方图，学生很容易得出这样的结论：随着铜含量的不断增加，铜对植物生长的抑制作用也不断加强。他们还惊奇地发现当铜的含量为10ppm时，植物的生长是最好的，这是为什么呢？从科林·比尔比博士提供的相关科学信息中学生了解到，植物之所以需要微量的铜，是因为一些氧化酶需要铜元素，另外，铜在光合作用中也起到一定的推动作用；对铜有高耐性的植物往往会将铜合成可溶或不可溶的化合物而储存在液泡中，甚至主动将铜排除体外来减轻铜对自身的伤害，也就是说铜并不是完全有害的。这使学生对科学有了更深刻的认识。有的学生甚至想建议有关部门，通过种植一些对铜有耐性的植物来消除铜矿带来的污染。

| 赏析与反思 |

"好的开始是成功的一半"，能否在教学初始恰当设置教学情境，激发学生强烈的学习兴趣，让学生尽快进入学习状态，这在一定程度上决定了教学的成败。科林·比尔比博士以当地报纸上的一则新闻为切入点，巧妙地创设了教学情境，并引导学生提出问题和研究问题，培养了学生的问题意识和研究意识，还鼓励学生对自己提出的问题进行深入研究，从而激发了学生的学习兴趣。

在实验过程中，科林·比尔比博士并没有仔细地讲解如何设计实验，而是创设了一个动态教学场，更多的让学生之间互动交流，让学生在交流中自我矫正、自我发展、自我完善，然后进行实验设计并实施，老师也和学生互动交流，但只作一些简单的指导。这不但让学生掌握了一些基本的实验技能，培养了学生的实验设计和操作能力，还让学生通过深入思考和认真分析发展了认知水平。通过亲自测量并收集第一手数据，学生学会了如何进行实验设计并实施实验。这不但培养了学生收集信息的能力，也培养了学生的探究能力和评价能力。

在这堂课的最后阶段，科林·比尔比博士给每个小组都安排了上讲台汇报小组研究结果的机会。对表现突出的学生，科林·比尔比博士都要给予积极的评价，有时是口头评价，有时是打分，并把表现最优秀学生的名字记录下来，这可以激发学生进行深入研究的兴趣。另外，学生的科学创新思维得到了培养，处理、分析和解决问题的能力以及语言表达能力得到了提高。

（汪久佳，江苏省南京市江宁高级中学）

在游戏中学习的美国数学课

视　点

　　怎样开发学生的创造潜能一直是我们小学数学教学亟待解决的问题。在一次"中美小学数学课堂教学对比研究国际交流会"上，我从与会的一位美国教师的课堂教学中获取了一些有益的启示。

▎课堂回放 ▎

　　上课一开始，这位美国教师就让学生们做一个猜谜的游戏。老师出示一张长方形的纸片，纸片的背面一侧三分之一处用英语写着四句话：

　　1. There are 18 squires. They are red, yellow and blue. （红黄蓝三种颜色的正方体共18个）

　　2. The blue ones plus three is the red ones. （蓝色的加上3等于红色的）

　　3. The red ones minus the blue ones is the yellow ones. （红色的减蓝色的等于黄色的）

　　4. The blues ones divide three is two. （蓝色的除以3等于2）

　　背面另一侧三分之一处写着下列关系式：

$$b + r + y = 18$$
$$b + 3 = r$$
$$r - b = y$$
$$b \div 3 = 2$$

正面中间画着红、黄、蓝三种颜色的小正方体。

她把长方形纸两侧分别向前对折，这样长方形纸正面中间画着的小正方体就被隐藏起来了。接着她要学生们根据提示猜一猜红、黄、蓝色的正方体各有多少个。学生们或讨论，或动笔计算。几分钟后，在大家的共同努力下，谜底被揭晓了（$b=6$，$r=9$，$y=3$），学生们兴奋不已。

接下来，老师让同桌之间玩这个游戏，老师给其中一个学生 15 个三种颜色的正方体，要这个学生用手中的学具摆一摆，设计出一种方案，然后用数学关系式表示出来，再让他的同桌来猜三种颜色的正方体各有多少个。学生们全身心地参与到猜谜游戏中，俨然忘记了这是在上数学课。

在汇报阶段，两位同学在黑板上写下了这样的数学关系式：$2y=r$，$2y=b$，$b+r=12$，$by=18$，学生们根据这些数学关系式，很快猜出了答案（$r=6$，$b=6$，$y=3$）。

| 赏析与反思 |

通过观摩这堂课，我深刻地感受到了这位美国教师朴实自然的教学风格。这堂美国数学课有以下特点：

第一，给学生提供再创造的机会，放手让学生去编制数学问题。她把再创造作为数学教育的一条原则，注重给学生提供"再创造"的机会，把传统的"在听中学"与"在看中学"转变为"在做中学"。这些都是我国当前新课程改革所提倡的，然而在实际操作中，我们的理解和做法有形式化、表面化的倾向。

在这节课上，这位美国教师充分挖掘了学生的创造潜能。她放手让学生通过编制数学关系式来表达自己的方案，并根据关系式推算出结果。在国内这应该是五年级学生的学习内容，对于三年级的学生来说具有一定的挑战性，这些学生在没有任何教学铺垫的情况下却把问题解决了。我们不得不感叹：学生的潜能是无限的！放手让学生自己去设计方案和编写关系式，是不是要比由学生来解答老师提出的问题更能开发学生的创造潜能、考查学生的数学能力呢？

第二，让学生在猜谜游戏中学习，寓教于乐。兴趣是最好的老师，如果你的教学风格不能激发学生的学习兴趣，那么课堂教学就难以取得预期的教学效果。

显然，这个美国教师非常重视激发学生的学习兴趣。首先，她将游戏引入课堂教学，然后，她让学生做课堂的主人。玩是孩子的天性，这样的教学设计会使学生对数学充满兴趣。

第三，将数形结合的数学思想方法融入教学。数学思想方法是联系知识和能力的纽带，是数学学科的灵魂，它对发展学生的数学能力，提高学生的思维品质都具有十分重要的作用。

这位美国教师先让学生利用教师提供的 15 个小正方体设计出一种方案，然后看着实物思考数学表达式。这无疑为学生写出抽象的数学表达式提供了充分的感性支持。这位教师恰到好处地运用了数形结合的数学思想方法，而学生也充分体验了实物操作对数学思考的帮助。

（赵美荣，北京市通州区教师研修中心特级教师）

美国生物课上的"活人脑"

视　点

　　传统的生物教学是以老师讲授知识为主的。美国的大胡子老师也教生物，但他主要是让学生自己动手、动脑，他让学生先模拟解剖牛心脏，然后用手摸活人脑，用手拆牛脑模型……

　　整节课笑声、议论声不断，课堂气氛相当活跃。学生并不是被动地听老师讲枯燥的生物知识，而是积极地参与到生物结构的趣味探索活动之中——怪不得学生都喜欢上生物课呢！

▎课堂回放▎

　　这是美国的一堂生物课，讲解的是"牛的心脏构造"。

　　在我看来，生物老师就是讲讲图片上植物的结构，或是"解剖"书本上的动物，顶多摆上几种实物让学生看看，而且生物教室里会有一股浓重的、让人觉得不舒服的福尔马林药水味。

　　让我意想不到的是，这个教室里有一股清香的味道，并且极为干净、整齐。教室里的布置也很人性化，学生的课桌与教师的办公桌挨得非常近，办公桌上摆着漂亮的地球仪、精美的书籍等，办公桌后面有精致的玻璃书柜，里面放着图书、教具和各种各样的生物模型，窗户非常明亮并且很低，学生坐在椅子上就可以看到窗外的风景，给人一种家庭的氛围。

　　这位美国生物教师身材魁梧，一脸大胡子，乍一看挺凶的，但一开口讲话就让人觉得温和、亲切。他先对大家微笑，然后热情地给学生发放模型和手套。

和国内大多数生物课堂不同的是，学生似乎不是在上课，而是在进行手工实验。每人一双薄质橡胶手套，两人一个牛心脏模型。大胡子老师先介绍牛心脏的构造，然后用手指穿过牛心脏的血管，打开牛心脏模型，让学生仔细观察牛心脏的构造。接下来，他让学生们自己动手拆模型，观察并记录牛心脏的各种构造。

学生们兴致勃勃地摆弄标本、做试验、记录下各种数据。大胡子老师更像一个辅导员，在一旁帮助学生处理他们解决不了的问题。学生不用举手，只要轻轻一招手，大胡子老师就立刻走到学生跟前，微笑着给学生解答。有个小女生居然直呼大胡子老师的姓名，他也不生气。这情形颇像餐厅里的老主顾招呼熟悉的服务员。这也可以反映出大胡子教师的心态很平和，不摆架子。这种师生关系非常平等、和谐。

学生们模拟解剖牛心脏之后，大胡子教师收回了牛心脏模型，并说："大家想不想做一个有意思的游戏呀？"

"想！想！"学生们高兴地欢呼起来。有学生因按捺不住内心的激动而站了起来，要求第一个参加游戏。

大胡子老师转身抱起一个大玻璃缸，还故意用报纸挡住了玻璃缸的中下部。"谁来试一试？"他快乐地吆喝着。

"我来！""我来！"学生们争先恐后地举手。大胡子老师用手指着一个女生，示意她上台。这个女生大大方方地走上讲台，戴上胶皮手套后，用一只手蒙住自己的眼睛，另一只手伸向了玻璃缸里。

这个女生刚开始一点也不紧张，但是当她把手伸向玻璃缸的时候，手有些颤抖，说话也有些哆嗦："什么东西啊……哎呀！啊！软的！"女生几乎叫了起来。

"不要着急，猜一猜。"大胡子老师要她猜摸到的东西是什么。

"软绵绵的，一大团……"

"是什么？"大胡子老师亲切地问道。

"不……不知道！"女生的声音有些颤抖。

"不会是蛇吧？"底下有学生叫了起来。女生顿时发出了惊恐的尖叫声。

"告诉你们吧，这是活的人脑！"大胡子老师满脸堆着笑容，大声地说。

女生大叫一声："啊？人脑？"她似乎比被蛇咬了还要惊恐，快速地把手从玻璃缸中抽了出来，然后拿下捂住眼睛的手，低头往玻璃缸里一看，顿时大惊失色。课堂上顿时沸腾了。有几个胆大的学生站了起来，跑到玻璃缸前想看个究竟。

大胡子老师对大家说："这确实是活的人脑，是我在这个人死亡几分钟后制作而成的脑标本。大家可以仔细看看。"刚才没有看到的学生开始往前挤，想要仔细看看，胆小的学生就站在远处观望。

我的后背有些发麻，毛骨悚然。

大胡子老师等学生们逐一看了活人脑标本之后，又掏出一堆牛脑模型，向学生们介绍牛脑的结构和组织。接下来是分组活动，两人一组，一人负责拆拼，一人负责观察记录。学生们情绪高涨，拿着牛脑模型仔细地拆拼着。

课后，我跟大胡子老师进行了交流，问他这个标本是不是活人脑。

大胡子老师非常诚恳地说："这绝对是真的！我事先正式申请了，向有关部门说明我是生物老师，想要制作教学标本。得到批准之后，我开车跑了两百多公里，提前在刑场边上等，罪犯死亡之后，我马上开始制作标本。"他还叫我亲手摸一摸这个活的人脑标本。

为了验证他说的话，我戴上了橡胶手套，把手往玻璃缸里一伸，的确摸到了一块软软的、凉凉的东西。我敢肯定这不是塑料、橡胶之类的仿制品。大胡子老师说，这是他的"王牌"，利用活人脑标本进行教学，效果特别好。

学生都非常喜欢大胡子老师，觉得他既亲切又幽默，还总是让学生玩游戏。于是他们也就喜欢上生物课，喜欢和大胡子老师一起做标本等。

| 赏析与反思 |

美国中学的生物课的教学内容并不深，这些内容中国的老师也会

在课堂上讲。但是几乎没有老师能像大胡子老师那样远赴刑场，并亲自制作标本。大胡子老师的这种行为值得肯定，也是新课程改革所提倡的。

我从来没有听说过中国的哪位生物老师敢把活人脑带到课堂上来，而美国的大胡子老师做到了。他不仅不摆出老师的架子，而且和学生打成一片，他采用新奇的"非典型生物教学法"，把死标本变成了活标本，把枯燥的生物知识介绍变成了各种有趣的课堂活动。

人们都说，"兴趣是最好的老师"。美国的大胡子老师在课堂教学中，注重激发学生的学习兴趣，从而使枯燥的生物课充满了趣味，而学生也就慢慢地喜欢上生物课了。

在这堂课上，大胡子老师恰当地运用了体验教学法。"体验教学"是以学生自我体验为主的教学方式，力求在师生互动的教学过程中，使学生达到认知过程和情感体验过程的有机结合。"体验教学"是让学生在宽松、舒适的环境中，自己去体验、感悟所学习的教学内容和思想。"体验教学"应该使学生感受到蕴藏于这种教学活动中的欢乐与愉悦，从而达到促进学生自主学习、自我提高的目的。

长期以来，中国的许多老师坚持以讲授为主，甚至实行"满堂灌"，而忽略学生主体性的发挥。这样做的后果是老师讲得累，学生听得更累。学生不只听一堂课，而是堂堂要听，天天要听，总是处于被动听讲的状态，没有自己的体验，没有自己的情感，久而久之，学生会觉得学习枯燥无味，出现学习兴趣下降、学习效率低下等问题。

在这堂生物课中，学生不再是知识的被动接受者，而是教学活动的主动参与者。大胡子老师让每一个学生都参与到教学活动中来，目的是让学生通过自身体验和感悟来建构新的知识。在课堂教学活动中，我们发现有些知识是可以言传的，而有些知识则不可言传，只能意会。学生只有亲自去体验才可能获得后一种知识。紧张、害怕、疑惑、惊讶……这些情绪恐怕是学生在其他生物课上无法体验到的。

这堂课凸显了学生的主体地位。大胡子老师关注的是怎样帮助学生和提高教学效果，而不是关注自己如何表现教师魅力。教师不能局限于单向传授知识，而要充分利用教具来组织教学活动，激发学生的学习兴趣，使学生自觉投入到学习活动中。

　　另外，大胡子老师还有一些一般的老师想不到的行为，比如，清除生物教室里的药水味道，使得空气清新芳香，让人没有厌烦感。他的表情总是很丰富，言谈举止风趣幽默，时刻把自己的快乐传递给学生。他是学生学习和成长的领路人。

　　在课堂上，老师和学生像朋友一样亲切地交谈，这是一种教学方法，也是老师良好修养的体现。学生主动参与教学活动，积极与同伴和老师交流，这也是这堂生物课获得成功的重要原因之一。

　　　　　　　　　　（靳忠良，中国人民大学附属中学特级教师）

一组英国小学数学试题给我的启示

视　点

通过仔细研析英国的小学教师在课堂上布置的学科检测试题，并与我国的学科检测试题进行比较，笔者发现，英国的小学学科检测更注重考查学生的应用意识、思维能力、创新意识和探索精神。

┃ 课堂回放 ┃

学科检测时，英国的教师给学生布置了如下试题：

1. 在括号中填入数字 2、3、4，每个数字只可使用一次，使下列算式的得数最大。

（　）（　）×（　）

2. 下面是一个数轴的一部分，在括号中填写对应的数字。

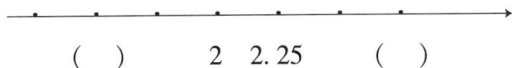

（　）　　　2　2.25　　　（　）

3. 这里有五张数字卡：A、A、A、B、B，A 和 B 分别代表两个不同的整数，所有卡片上的数字之和是 30，A 和 B 的值是多少？

A =（　　）　　B =（　　）

4. 在括号中写出最大的整数，使不等式成立。

50 +（　　）< 73

5. 右图是一个长方形，里面阴影部分是五个大小完全一致的正方形，长方形的宽 = 7.2 厘米，长方形的长 =

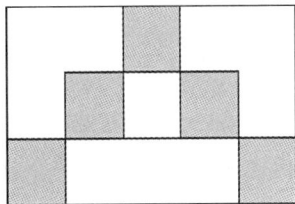

（　　）厘米。

6. 有一组数字从 11 开始，这组数字的前一个数字乘以 2，然后减去 3，就得出了后一个数字，11、19、35、67、131……数字 4099 也在这组数字中，迅速地算出数字 4099 的前一个数字。

7. 这里有一个给数字分类的表格，在每一个空格里写出一个 100 以内的数。

数字	偶数	非偶数
平方数		
非平方数		

8. 朱莉说："我把三个奇数相加，答案是 50。"朱莉说得对吗？为什么？

9. 李阿姆想出一个数，他用这个数乘以 5，然后减去 60，结果等于他刚开始想的那个数，李阿姆开始想的数是多少？

10. 以下是三明治、饮料和水果的价格：

三明治	饮料	水果
奶酪：1.45 英镑	牛奶：55 便士	苹果：15 便士
金枪鱼：1.70 英镑	可乐：45 便士	梨：20 便士
色拉：1.20 英镑	果汁：65 便士	甜瓜：25 便士

（1）沙莉买了一个金枪鱼三明治、一瓶牛奶和一个梨，她一共花了多少钱？

（2）麦克有 80 便士，想去买一种水果和一种饮料，用 80 便士正好可以买哪种水果和哪种饮料？

| 赏析与反思 |

这一组数学试题与我们的数学学科检测试题相比，具有以下特点：

其一，具有浓厚的趣味性。兴趣是最好的老师。如果一个人每天做不喜欢的事，他将会很痛苦。同样，让学生做他并不感兴趣的数学习题，也不会收到好的教学效果。这份试题没有机械的、枯燥的、重复的训练，教师对数学语言的运用、数学材料的选择及试题难度的把握都相当到位，可以说每道题都有一定的趣味性和挑战性。学生的学习兴趣被激发了，就能以愉悦的心情去完成每一道题，并能从中感受到学习的快乐。

其二，重视学生计算能力的培养。这份试题虽然不是纯粹的计算题，但对学生计算能力的要求还是挺高的。每一道试题都要求学生细心地去计算，其中有些题目的计算难度还比较大，要求学生在准确掌握四则混合运算顺序的基础上，根据数量之间的关系，灵活、准确地列出算式，然后再进行计算。与纯粹的计算题相比较，它更注重学生计算能力的培养。这里的数学计算不再单调、枯燥、乏味，同时，它对学生的计算能力提出了更高的要求，学生唯有细心地计算，才能得出正确的答案。

第三，注重学生推理能力的训练。数学是思维的体操。数学可以发展人的推理能力，这一点人们早已认同并深信不疑。推理能力是一个人智力的核心，发展学生的智力就必须重视发展其推理能力。在数学教学中，教师要为学生设计现实的、有意义的、富有挑战性的问题，要引导学生积极参与解题，从而有效发展学生的推理能力。上述试题着力于考查、训练学生的逻辑推理能力。学生只有通过严密的逻辑推理，才能解决每一道试题。例如，在解答第 6 题时，学生首先要认真、细心地观察和思考，找出这组数字的规律，然后推理得出"后一个数与 3 的和除以 2，所得的商等于前一个数"的结论，最后算出结果：4099 的前一个数 ＝ （4099 ＋3）÷2 ＝2051；在解答第 8 题时，学生可以根据"奇数 ＋ 奇数 ＝ 偶数，偶数 ＋ 奇数 ＝ 奇数"的规律，推理得出"3 个奇数的和是奇数"的结论，从而判断出"朱莉说的不对"。

其四，关注学生应用意识的发展。在现实世界中，许多现象和问题都隐含着一定的数学规律，它们需要人们从数学的角度去发现和探索，从而寻求问题解决的策略。学习数学的目的就在于应用。在小学数学教学中，教师应当引导学生用所学的知识去解决生活中的实际问题，使学生更深刻地理解和掌握数学知识，并让学生感受到数学的价值，从而激发学生学习数学的自觉性和主动性。同时，教师也要发展学生应用数学知识的意识。上述试题都来源于现实生活，而且贴近于学生的现实生活。学生在解答这组试题时，能深切地感受到数学来源于生活、生活中处处有数学，并意识到学好数学可以解决生活中的许多问题。英国的教师就是这样逐步培养学生的应用意识，发展学生的解决实际问题的能力的。

其五，重视创新意识的培养。教育肩负着培养创新型人才的特殊使命。教师想培养学生的创新精神，就应该让学生在学习过程中，有尽可能多的体验，想出尽可能多的方法，得出尽可能多的答案。因此，教师应该设计出一些具有开放性的试题，用以发展学生的发散性思维和创造性思维。这不仅可以让学生认识到事物的多样性和复杂性，而且有利于培养学生的创新意识。上述试题几乎都有多种解题方法，有些试题不仅解题方法多样，而且答案也不是唯一的。学生在解答这组试题时，思路一定要开阔，要尝试着运用多种方法解题，要有意识地培养自己的创新能力。

当然，随着我国课程改革的不断深入，我们的数学教育理念和方法也发生了深刻的变化。我们已逐渐重视学生的学习兴趣、计算能力、推理能力、应用意识、创新意识的培养，但在实践过程中还存在着一些问题。相信这组试题会给我国的小学数学教师带来有益的启示。

（汪志华，江苏省滨海县实验小学）

一堂饶有趣味的美国科学课

视 点

我们应该考虑在课堂教学中教什么最有价值这个问题。有限的教学时间应该怎么安排？教学策略实施的预期目标是什么？中外教学策略的不同之处主要体现在教学时间的安排和策略实施的预期目标上。相信这堂美国科学课能给我们带来全新的启发。

| 课堂回放 |

这是一堂饶有趣味的美国科学课。

"关于地图的学习"是美国科学教材里的一个完整的单元，教学时间约为 3 个月。

在这堂课上，教师巧妙地引导学生正确使用地图。教师首先发给每位学生一个大山模型。这个模型是由泡沫和塑料制作而成的，山被平行切成 6 层，每层 1 厘米厚。教师要求学生先固定山的中心位置，然后用笔沿着每一层的边缘移动，将每一层的边缘线画在纸上。当 6 层的边缘线都画出来之后，纸上就会出现等高线图。教师引导学生将山的模型和等高线图进行对照，从而体会等高线的内涵。

接下来，教师让学生画山的轮廓图，并引导学生将轮廓图与此山的风景照片进行对照。之后，教师拿出这座山的地图，让学生指出南北方向，并研究地图上的颜色（应该能找到五种颜色：蓝色、褐色、绿色、黑色和红色，分别代表湖泊、陆地、植被、建筑以及公路信息或测量信息）和符号（交叉的箭头表示采石场，虚线表示四轮车道，双虚线表示没有改造的公路，小蓝圆圈表示喷泉，黑色实方块表示建筑物等），观察等高线和等高区间，确定山的海拔。最后，要求学生根据教师的描述在地图上指出相应的路线（如从海拔为 10 800 英尺和 11 200 英尺之间的一个小冰川出发，先向西南方向，走到最近的瀑布处，它位于 10 400 英尺的地方，然后向西走，到达一个湖泊处）。

赏析与反思

美国的学者认为，学生应该具备基本的地理科学素养。美国的教师会安排相当长的地理教学时间（大约为半个学期），并精心地进行教学设计，以教会学生认识、理解和使用地图。通过进行一系列的活动，比如绘图、认识地图上的各种符号、根据要求在地图上标出相应的路线等，学生非常熟练地掌握了等高线、等高区间等十分抽象的概念，并能应用这些知识解决问题。通过这堂课的学习，学生学会了正确使用地图。

这让我想起了国内的科学课。中国的教师也意识到了要让学生进行科学研究活动的训练，还会精心设计一些有创新性的研究活动，但在课堂上留给学生开展研究活动的时间一般只有十多分钟，学生没有充足的时间来讨论原理、设计实验。教师稍加引导之后便会给出实验方案，然后留出时间让学生做相关实验和完成本堂课的其他教学任务。原本非常好的研究活动成了"照方抓药"的简单操作。如果让学生自己设计、实施实验方案，让他们在"犯错—改错—反思—讨论"中获得研究的体验，可能更有利于学生领悟科学的真谛。因此，教师应该留给学生更多的时间来开展研究活动。这正是美国的教师在教学中所重视的。

我国关于科学教育的传统观念认为，保证课堂教学内容的高密度是提高课堂教学效率的关键。教师如果在课堂上让学生活动多而自己讲得少，就会有不负责任的嫌疑。

从美国的科学课上，我们可以得出一些有益的启示：我们应该让学生在有限的教学时间内做最有价值的事情，让学生得到充分的发展。

（白雪，北京市海淀区科迪学校）

重情境创设的美国小学母语课

视　点

　　将美国小学的母语教学和我国小学的语文教学相比较，可以发现它们有两个显著的区别：美国实行综合教学，我国实行分科教学；美国的母语教学十分重视情境创设，我国的语文教学形式比较单一。笔者试图以《沿着那颗星：用艺术和音乐来表现地下铁路的故事》一课为例，详细阐述美国母语教学的特色。

▎课堂回放 ▎

　　在这堂课上，老师执教的是《沿着那颗星：用艺术和音乐来表现地下铁路的故事》。

　　电脑老师、课堂老师和艺术老师采取合作的形式来开展教学。电脑老师负责指导学生收集所需的资料，传授调查技能；课堂老师进行相关的教学活动，并评价学生的作品；艺术老师为学生的艺术创作提供指导，并评价学生的作品。

一、小组演奏圣歌

　　老师首先让学生阅读《沿着大熊星座》这首歌的歌词，然后就大熊星座的相关内容进行讨论，并提醒学生可以在因特网上找到这首歌的相关资料。

　　接下来，老师让学生听《偷跑》这首歌，讨论他们会怎样"偷跑"和歌词中"家"的含义等。

紧接着，老师对学生进行分组。4—5 名学生组成一个小组，每个小组选择一首圣歌进行演奏。学生也可以创作一首圣歌。

二、欣赏油画《黑人领袖的地下铁路》

老师首先让学生欣赏油画。学生欣赏完油画之后，教师向学生提出了这样的问题：画上有一个婴儿，你们认为黑人领袖是怎样使婴儿安静的？画中所描写的是什么季节？教师还让学生描述画中的紧张气氛。

三、组织学生开展丰富的活动

1. 把教室当作车站，并进行代号设计，供火车安全停车时使用。假设你是奴隶，你会怎样逃跑？要求学生写一篇文章进行阐述。

2. 设想自己生活在农奴时代，用口头或者图画的形式来描述自己会努力做什么。

3. 表演一个 3—5 分钟的短剧。这个短剧主要是描述一个奴隶逃跑的片段。确定短剧中故事发生的位置，并在地图的相应位置上标出，最后，还要向全班同学讲述当奴隶的感受。

4. 假设自己是农奴时代的自由人，是否会帮助奴隶逃跑？要求学生自由讨论。

5. 并不是所有的奴隶都逃往加拿大，如果奴隶逃往东方、西方或者南方，那么他们最终可能会在哪里安家？要求学生讨论。

6. 每个城市都有移民聚居地，比如有些城市有希腊城、中国城、墨西哥城等等。你认为这些人能跨越肤色的界线，通过地下铁路而逃往东方或西方吗？解释你的答案。

7. 讨论奴隶们在获得自由时的感受。

8. 小组讨论：为什么在有些州把人当奴隶是违法的？

┃ 赏析与反思 ┃

从这堂课中，我们可以看出美国的母语教学与我国的语文教学有着很大的差别。美国的母语教学具有以下特点：

首先，美国的教师根据学生的兴趣和需要以及教学大纲的要求，有目的地选择与学生实际生活息息相关而且具有丰富教学意义的主题，并围绕主题设计丰富多彩的教学活动。主题教学可以将跨学科的知识整合在一起，使学生学习和掌握多个学科的知识，并让这些知识彼此关联起来。如本堂课的母语教学就将语言艺术、交流艺术、人文学科（音乐和艺术）、社会研究、技术统计等有机地整合在一起。而我国的语文教学则实行分科教学，很少将多种学科融合在一起。

第二，美国的教师善于构建有意义的学习情境。著名儿童心理学家皮亚杰所创立的发展阶段理论，将儿童的认知发展过程划分为四个阶段：感知运算阶段、前运算阶段、具体运算阶段和形式运算阶段。小学生一般处于认知发展的前运算阶段和具体运算阶段，因此，教师应该给学生呈现一些具体真实的学习情境，让学生积极参与其中，理解和运用语言。美国的母语教师在这一点上做得非常好。如在上述教学案例中，教师让学生演奏圣歌、欣赏油画等，让学生在有意义的丰富的学习情境中学习，从而轻松理解和应用语言。1982年，美国的《英语教学纲要》指出："在各种有意义的经历和活动中使用语言时，那么能动的交流就会兴旺起来。学生每天读和写，他们与伙伴或者小组组员们一道学习知识、研究策略并且相互影响，他们对语言有一种新奇感，他们乐于高效以及富于想象地使用语言。"

第三，美国的母语教学非常强调合作。美国的教师经常采取合作的形式开展课堂教学。在通常情况下，我们所理解的合作小组是按能力、成绩来分的，它实际上属于同质分组，而此处所指的合作小组是一种新型的结构——功能联合体，它属于异质分组，是由两名以上学生组成的相对稳定的学习小组。每个小组成员都有自己的职责，如4人组通常由主持人、记录员、报告员和检查员组成，各成员各司其职，又通力合作。主持人负责掌管本小组讨论的全局，分配发言机会，协调学习进度；记录员主要记下小组学习结果；报告员负责向全班学生汇报本小组成员的学习情况；检查员负责检查小组成员的学习情况，以确保每位成员都完成一定的学习任务。

在我们的语文教学中，偶尔也会划分合作小组，但经常出现某个学生"垄断"发言机会、操纵整个小组的现象。事实上，合作学习应该强调每位成员都有特定的职责，强调每位成员都主动参与到学习中，并与学习伙伴进行互动交流。这样的话，每位同学都会觉得自己是小组中不可或缺的一员，有责任为实现共同的学习目标而奋斗。正如乔治·雅各布斯在《共同学习原理与技巧》中所说："个人责任感鼓励每个人去参与，因相互依赖可以防止某个学生过于操纵一个小组。"同时，我们也可以发现，美国的母语教学不仅强调学生之间的合作，老师之间也有深度的合作。在上述教学案例中，电脑老师、艺术老师和课堂老师通力合作来开展课堂教学就是很好的说明。

（章坤、贾明芹，北京市私立汇佳学校）

美国数学课上的食品道具

视　点

　　整整一堂课，教师就让学生选选食品、说说食品包装盒上写明的重量，然后简单介绍一下相关知识点。这样的数学课究竟能给学生带来什么？相信以下的教学案例会给我们带来全新的启发。

| 课堂回放 |

　　上课了，只见杜丽臣老师在讲台上放了许多食品。莫非今天是她的生日，她要请学生吃零食吗？

　　"同学们，请上来选一件你想要的物品。"学生们按照杜丽臣老师的吩咐到讲台上拿了物品。这时，她又从杯子里抽出一根木签，看了下木签上的学生名字，问道："莎莉，你的巧克力豆有多重？你能在盒子上找到它的重量吗？"

　　"我的巧克力豆是 12 盎司，约 340 克。"莎莉指着包装盒回答说。

　　接下来，她又采取同样的方式提问，被抽中的同学一一回答问题。之后，老师简单介绍了计量单位等相关知识。一节课就这样过去了。

　　下课前，杜丽臣老师给学生布置了一道家庭作业：为什么一大袋爆米花比一小袋盐要轻得多？请说明理由。

　　第二天上课时，杜丽臣老师在讲台上放了大米、豆子、盘子、袋子等物品。

　　接着，杜丽臣老师又用抽签的方式给学生分组，并示意学生到讲台前去。"今天我们要做一个测试，你们可以用大米和豆子去估约 1 盎司、1 磅和 1 千克的重量，我给你们提供这 3 个重量单位的砝码，你们可以借助天平去测量。"杜丽臣老师的话音刚落，大家就开始动手了。天平的一端放上砝码，另一端则摆上等量的大米或豆子。在实践中，学生们又上完了一节愉快的数学课。

┃赏析与反思┃

中美的小学教育，无论是在理念层面上还是在实际操作层面上，都存在着很大的差异。

如果把这两堂数学课搬到中国，听课者可能会做出这样的评价：教学容量太小，学生的技能训练过于简单！整整一堂课，教师就让学生选选食品、说说食品包装盒上写明的重量，然后简单介绍一下相关知识点，或是让学生称称物品。这样的教学似乎有些流于形式，会让人觉得很不踏实。

在中国的小学数学课堂上也常常能见到类似的活动，但它只是课堂教学的一个组成部分，最多占用四分之一的课堂时间。让学生做一些如"填合适的单位名称"、"简单的单位换算"等配套的练习是必不可少的教学环节，这是我们巩固新知和训练技能的重要手段。对于杜丽臣老师利用上课时间让学生选食品，不少中国的教师可能会说"为什么不把这个环节安排在课前呢"。我们的课堂教学时间安排如此紧凑，课堂容量如此之大，技能训练如此到位，按理说，"10 个苹果大约有多重"这样的问题对于学生来说应该是"小菜一碟"，可事实上呢？称完 1 千克大米没几天，有的孩子就说"小明体重 33 克"。"10 个苹果大约有多重"这样的问题恐怕会难倒一大批中国小学生，而美国小学生则能轻易说出答案。

再来看看美国小学生的作业：为什么一大袋爆米花比一小袋盐要轻得多？这样的题目可能连我们的小学教师都不会做，他们教出来的学生就更不用说了。我们每天布置什么样的数学作业？无非是教科书上或是配套练习册上的一些习题。学生中规中矩地做，教师尽心尽职地改，周而复始，便形成了这样一种现象——中国的中学生屡获国际奥林匹克竞赛金牌，但中国至今没有一名诺贝尔奖获得者。

几年前刚刚开设综合实践活动这门课时，由于没有教材，很多老师都觉得无从下手，不知道该怎么教。中国的教师太依赖于"教学用书"、"备课手册"等教材教辅，一旦失去了常规的参照，他们就会多了惶恐与无助。教师如此，何况学生？

希望中国的教师能够从以上案例中获取一些有益的启示。

（徐芳，江苏省张家港市云盘小学中学高级教师）

重合作的英国数学课

视　点

在我们的课堂教学中，学生大部分时间都在规规矩矩地坐着。学生如果想回答问题或提问，需要先举手，经教师准许才能发言。我们的课堂很少出现像英国的课堂那么和谐的景象。

| 课堂回放 |

这是英国九年级的一堂数学课，课时为 30 分钟。

英国的教室并不大，课桌的摆放很随意，学生四人一组或三人一组坐在桌子周围，课堂气氛很轻松。教室里安装有多媒体，配有我们很少使用的电子白板。这个班只有 27 个学生。

活动一：把 30 分成 10 个不同的比。这属于按比例分配的内容，学习资料是由老师提供的一张练习纸，要求每个学生在老师发的练习纸上独立完成。在学生计算的时候，教师一直在学生中间巡视，并不时地俯下身子和学生交流。大约五分钟后，老师让学生举手反馈完成情况，有两位学生没有举手。这时老师鼓励学生把自己的答案写在屏幕上，孩子们很踊跃，有 10 个学生上前写出了正确答案，但老师没有让学生说自己的计算方法，也没有点评，只是在每个学生写完后都带头鼓掌，每个学生都显得很自信、很兴奋。

活动二：把 20 张卡片上的比，按照 2:3、3:4、2:1 和 3:2 进行分类，并找出一张和其他卡片都不一样的比。这时，老师还是在学生中间来回走动，并不断地和一些学生轻声交谈着，她说得最多的一句话是"谁需要我帮助"。七八分钟后，老师请已完成的学生举手，看到大家都举了手，老师让大家集体鼓掌，至此这个环节就算结束了。

活动三：把12张写着英镑总数和一定比例的数字卡，按照要求连接起来。这次显然比上两次练习难一些，因为每张卡片上都有三组数字，两边的数字要和前后两张卡片上的答案对上才算正确。整个过程用了大约8分钟，老师也一直在学生中间来回走动，当有小组举手示意请求帮助时，她就过去俯下身和他们交流。学生们都很投入，课堂显得很安静，等到下课铃声响的时候，这个活动也结束了。克洛斯老师让已完成的小组举手，并表扬了他们。我看到有好几个小组都拼成了不同的图案，有的拼成直的，有的拼成斜的，还有的拼成漂亮的字母图形。老师没有检查每个小组的做法是否正确，也没让学生说是怎么做的，就那样下课了。

赏析与反思

从上面的这堂课中，我们不难发现，英国的课堂教学与我国的课堂教学有着比较大的差别。通过比较分析，我认为两者在以下几个方面存在差异：

一是教学内容的差异。英国的数学课程只有统一的大纲，没有统一的教材、教学计划和教学参考书。学生的学习资料是由学校准备的，学科计划是由学校和任课老师根据教学大纲制定的。老师可以根据学生的认知情况灵活选择教学内容、灵活安排教学时间。另外，老师还可以根据需要删减一些教学内容。但英国针对不同年龄段的学生制定的考试标准还是差不多的，这样一来，老师的压力也会很大。所以，英国的老师把85%的时间都用在教学上。

与英国相比，我国大部分地区的数学课程都有统一的大纲和教材，并且教材的知识点多，对课时有严格的规定，任课老师甚至学校领导都没有权力删减教材上的内容。每次考试之前，数学老师都会加班加点，采取题海战术，这会给学生造成一定的心理压力，也是许多孩子在小学阶段就产生厌学情绪的原因之一。

二是教学方式的差异。英国的课堂教学通常是对不同的孩子采用不同的教学方法。课堂也比较开放，学生可以大胆发言，并且发言时不需要起立。这一课堂，让我体会到了以学生为主体的真正含义。在这里，老师是组织者和参与者，她在整个课堂中说得最多的一句话是"who needs my help"（谁需要我帮助），以鼓励学生对一些问题发表自己的看法。整个教学过程就是师生互动和生生互动的过程。学生积极、主动地参与探究，其个性在开放的课堂教学中可以得到张扬。

英国的老师非常注重培养学生的合作意识。从这一课堂来看，学生的合作意识的确很强，大家分工合作，表现良好。另外，让我感受最深的是英国的老师很注重培养学生的探究能力。在整个教学过程中，教师没有过多的说教，学生可以自主地探究，不管用什么方法，只要能得出结论就行。在轻松愉快的课堂中，学生的思维不受束缚，也显得很自信。

然而，在我们的小学数学课堂中，老师往往按照事先设计好的教案上课，如果学生没有按老师预设的方案回答问题或在哪个环节上出现了偏差，老师因怕完成不了教学任务，就会把学生的思路拉回来或告诉学生出现了什么错误，甚至急于把正确的解题方法告诉学生，以此来证明课本中的定理或法则的正确性。

此外，英国的教学比较注重直接经验的获取，学生多以探究的方式获取知识。而中国的教学则比较注重间接经验的传授，学生的大部分知识都是从老师的讲授中获取的。

三是师生关系的差异。在这堂课中，师生关系是平等、民主、和谐的，全体学生都积极主动地投入到教学活动之中，教师始终面带微笑，并不断表扬、鼓励学生，以增强学生的信心。

在这一课堂中，教师不再是课堂教学的"统治者"，而是在不同的教学环节扮演着不同的角色，组织和引导学生积极主动地参与到课堂活动中。这样的课堂教学不是教师单向地传授知识，而是师生之间和生生之间互动、交流的过程。

然而，我们的师生关系却大多不平等、不民主。我们的课堂教学往往是以教师为主体，而不是以学生为主体。

课堂教学是一门学问，需要我们认真去探究，而国外老师的一些教学艺术同样值得我们学习和借鉴。

（王晶，湖北省武汉市实验学校）

日本数学教学中的"玩中学"和"做中学"

视 点

在数学教学中，怎样将课堂与社会、理论与实践紧密联系起来？怎样发展学生的能力，让学生既长了知识，又养成了自主学习、自主探究的良好习惯？这堂日本的小学数学课给我们带来了一些思考。

课堂回放

老师：我们来做一个游戏。请大家先伸出右手，左手由上往下移动，当左手与右手平行时，请拍一下掌，然后左手由下往上移动，当左手与右手平行时，再拍一下掌。如此重复几次。

点评：老师通过游戏来吸引学生的注意力，使学生进入学习情境。

老师：把你们最喜欢的东西拿出来。（很多同学举起了闹钟）今天我们就来学习有关闹钟的知识。

点评：老师按照学生的意愿和喜好选择教学内容，充分体现了尊重学生、以学生为本的思想，有利于发挥学生的自主性。这一点值得我们学习。

老师：请大家把闹钟拿出来，老师教你们用闹钟。动一下，指针是不是动了？请看一下这张照片，（出示照片）这是小学一年级学生山本。今天我们来看看山本的一天是怎么过的。请大家首先用闹钟把自己的起床时间表示出来，调好后放在桌子的右边，然后检查一下自己是否调对了。

点评：老师把课堂教学与日常生活联系起来了，这有利于激发学生的学习兴趣。

老师让学生 1 上台调闹钟，学生 1 说不会调，接着有其他同学举手。

老师：让他（指学生 1）思考一下。（过了一会儿）谁上来用闹钟把你起床的时间表示出来？

学生 2：我来。我 5:40 起床（调为 5:00）。

老师：你再想想，现在还可以改正。

学生 2 将闹钟调为 6:00。最后，在教师的引导下，他终于将闹钟调为 5:40。

点评：当学生在学习上出现困难时，教师要耐心地引导，并注重维护学生的自尊心，使学生获得进步。

老师出示一张照片，照片上显示山本正准备去上学。

老师：山本是几点去上学的？（7:30）请大家用闹钟表示自己去上学的时间。哪个同学愿意到前面来演示一下？

学生 3：我来。我 6:00 上学。

学生 3 演示完后，老师出示一张照片，显示山本到学校了。

老师：你们几点上课？哪位同学愿意上来演示一下？

学生 4 上台演示，刚开始没有调正确，在老师的帮助下才得以改正。

接下来，老师又出示了一张山本吃午饭的照片。

老师：山本在教室里吃午饭，你们在哪里吃呢？

学生：在家里吃。

老师：山本几点吃午饭？

学生：12:20。

老师：请用闹钟表示你吃午饭的时间。

学生纷纷要求上台演示，老师让从未主动上台演示的学生 5 上台演示。

点评：教师平等地对待每一个学生，给每一个学生提供表现的机会，这有利于促进全体学生的均衡发展。

教师还出示了山本放学的照片和吃晚饭的照片，并让两个没举过手的学生上台演示。

老师：你们几点放学？

学生6：4:30。

其他学生：不对，是4:20。

最后，老师出示了山本睡觉的照片。

老师：请没上来过的学生上台用闹钟表示你睡觉的时间，没上来过的学生请举手。

学生7和学生8分别上台演示。

老师：现在我们知道了山本的一天是怎样过的，也了解了有关闹钟的知识。这些东西（指学具）就送给大家了。这节课到此结束，谢谢同学们！

┃ 赏析与反思 ┃

这节数学课上得非常生动并注重实效，尤其注重生活与知识、社会与课堂的紧密联系，让学生既长了知识，又发展了能力，还培养了学生自主学习、自主探究的良好习惯。这与我们倡导的让学生"在玩中学，在乐中学，在做中学"的理念有异曲同工之妙。

（冯蕊蕊，河北省秦皇岛实验小学）

崇尚自主、合作、创新的德国自然课

视　点

怎样把学习主人翁的地位还给学生？怎样创造性地处理教材和组织教学活动？德国的课堂教学理念与我国基础教育课程改革倡导的教育新理念不谋而合。

| 课堂回放一 |

这是德国一所小学的三年级的一堂自然课。

女教师捧着一个漂亮的小房子模型问大家："我们能为小房子做点什么？"孩子们纷纷发言。最后，大家发现小房子里没有电灯，于是共同商定在这堂课上大家来给小房子装电灯。

每个小组首先画出线路图，然后把线路图贴到黑板上，并选一个小组代表上台加以说明。接着老师说："怎样才能让电灯亮起来呢？想不想试一试？"于是每个小组分到一个装有电池、电线、电珠的小盒子。孩子们有的爬到桌子上，有的趴在地上，共同研究怎样让电灯亮起来。有一个小组最先成功，小组成员欢呼雀跃；有的小组却一筹莫展，教师就走过去点拨。最后，全班同学来到讲台前，团团围着看同学演示，不断有学生举手要求发言。一堂课结束了，大家还意犹未尽。

| 课堂回放二 |

这是德国一所小学的二年级的一堂自然课。

在这堂课上，老师执教的是"物体在水里的沉与浮"。孩子们坐成半圆，中间放着一盆水，女教师就坐在黑板前的桌子上。老师问："我这里有一个乒乓球和一个玻璃球，猜猜哪个会浮上来，哪个会沉下去?"学生纷纷猜测。接下来，教师进行了演示，结果是乒乓球会浮上来，玻璃球会沉下去。一位学生把乒乓球和玻璃球的图片及对应的单词卡片分别贴到黑板的两边，一边为"浮"，一边为"沉"。接着教师把一个小布袋交给了一位女孩，要她取出里面的物品，并让同学猜测什么东西会沉，什么东西会浮。达成一致意见后，学生把相应的图片和单词卡片贴到黑板上。一会儿工夫，黑板上就贴满了图片和单词卡片。老师说，大家的猜测到底对不对还需要检验。于是学生四人一组开始活动，每组有一袋小物件和一盆水，学生将袋里的小东西放到水里试验，结果发现黑板上的不少分类是错的，于是纷纷跑上去纠正原先的分类。

正确答案出来了，这一环节似乎可以结束了，可是老师又让孩子们坐成一个大圆圈。老师问："为什么有的物体会沉，有的物体会浮?"学生说："这与材料有关，铁的东西会沉，木制的东西会浮。"老师走到中间演示，结果玻璃球一放进水里就马上沉下去了，而玻璃瓶子放进水里后是慢慢沉下去的。一个学生说："玻璃瓶盖上盖子后就会浮起来。"一试，果真如此。老师问："同样的材料，有的沉，有的却浮。这是怎么回事呢?"有学生说，这与物体的重量有关，重的东西会沉，轻的东西会浮。老师又来到水盆边，把橡皮泥捏成一个薄片，然后轻轻地往水里一放，发现原来很快下沉的橡皮泥竟然浮在水面了! 老师又问："同样材料、同样重量的东西，有的沉，有的却浮。这到底是为什么呢?"大家经过反复讨论和试验，最后得出结论：物体的沉浮跟空气有关。

赏析与反思

从德国的自然课中，我们可以看到，教师把学习主人翁的地位还给了学生，教师是学生学习的引导者、合作者和帮助者。而学生在这个过程中是学习者，更是研究者。对学生而言，知识和技能固然重要，但求知的兴趣和科学的态度更为重要！

　　课后我了解到，在这所小学不管什么课都以活动为主，教师会想方设法让学生树立自信心、保持好奇心。该学校采取包班制，教师可以根据需要将语文、数学、常识三门主课融合起来，形成以项目为中心的教学模式。如"物体在水里的沉与浮"就是一个综合学习项目"水的知识"中的内容。前一节课学生们学了"水有什么用处"，这一节课学生们学的是"物体在水里的沉与浮"，下一节课学生们将学习"什么东西在水里会溶化、什么不会溶化，怎样把溶化到水里的东西过滤出来"。接下来，学生们还要学习"水有哪些形态"、"什么东西会污染水，我们如何保护水源"。无论学习什么内容，主要的课堂活动都由学生自己来完成，而且教师把生词教学、常识教学以及环保教育等整合起来了。

　　这样的教材处理和教学活动组织是如此巧妙，以致我们不得不感叹教师的创造力！教师不仅是课程的实施者，而且是课程的开发者！教师的劳动是一种创造性的劳动，要培养创造型的人才，首先教师要有创造精神！

　　　　　　　　　　　　　（方方，浙江省浦江县教师进修学校）

宽松自由的美国语法课

视　点

　　基于学生的发展的课应该经过精心设计而达到环环出彩,还是应该顺应学生的需求而保持本真?下面这堂宽松自由的美国语法课会给我们带来哪些启示?

▌课堂回放▐

　　这是美国的一堂语文语法课,主要是复习并列式复句的结构。授课的是一位女教师。这个班有二十多名学生。

　　这堂课的教学组织并不是很特别。教师先让学生回忆并列式复句的要领,然后让学生进行练习,接下来教师与学生一起检查练习的正误,最后学生分小组活动,小组共同完成学习任务。

　　当有学生做练习遇到困难时,教师很耐心地进行点拨,直到他们写出正确的句子。

　　这课堂的氛围很轻松,学生和教师都很放松。学生做练习时,这位教师看到前面有一把躺椅(美国的课堂上都有一把躺椅,这是我们想象不到的),就说:"我就坐在这里吧。"学习小组进行合作学习时,有一个学生就坐在这把躺椅上,一副很悠闲的样子,还有一个学生甚至坐在桌子上。(这在国内根本不可能发生,因为我们的课堂不允许学生有超越规矩的行为)但学生在课堂上会围绕着学习内容而活动,就算坐在桌子上,也是在与同组的同学讨论问题。

从这堂课中可以看出，美国的教育关注学生的发展，他们的课堂很朴实，没有华而不实的作秀。在中国，一旦有教师要来听课，这堂课就需要精心设计，要有出彩的地方。

这位美国老师并没有设计问题，而是耐心地回答学生提出的问题。而在我们的课堂上，教师会设计很多问题，学生回答问题时往往一路绿灯。有一次，有几位外国学者到一所小学听课。教师每提出一个问题，台下学生举起的手就有一大片。当然，回答也绝对不会出现任何偏差。课后，这位教师向听课的教师征求意见时，这些外国同行反问道："既然教师提出的问题学生都能回答正确，那么这节课还有必要上吗？"这就是中美课堂最大的不同。美国的课堂教学鼓励学生提出问题，有了问题才有了教学。

通过中美课堂教学的对比，我们应该思考要向他们学习什么，而我们自己又有哪些优势，这是在新课程改革中需要关注的重要问题。

（柏先红，河南省新乡市外国语小学）

没有家庭作业的芬兰小学语文课

视　点

　　芬兰的综合学校布置的家庭作业很少，在一些小学，老师通常不布置家庭作业。没有家庭作业的课堂教学会是怎样的？让我们一起走进芬兰小学一年级的语文课堂。

▌课堂回放▐

　　上课了，老师叫学生翻到《最勇敢的小兔子》这篇课文。这篇课文讲的是兔子战胜大灰狼的故事。和中国的类似故事不同而又十分有趣的是，包括兔子、大灰狼在内的七只动物都有自己的名字。教室里贴着这些动物的画像，并标有它们的名字。

　　老师从靠窗的办公桌（小学老师的办公桌都设在本班教室里）上拿来兔子、松鼠和大灰狼的布袋木偶，邀请学生扮演角色，孩子们争相举手。老师要求三个孩子组成一个表演小组，这无形中给孩子传达了重合作的观念。

　　被邀请的孩子得意地走到黑板前，有的一只手拿着书朗读，另一只手套着木偶表演，有的索性把书摊到地上腾出两只手，一只手操作木偶，另一只手来回比划，尽情抒发感情，还不时做出种种怪脸，引来满堂欢笑。老师不干涉学生的表演，更不要求整齐划一。学生们轮流表演。与其说是在上课，不如说是在做游戏。

　　接下来是字母巩固练习。老师打开办公桌上的录音机，播放了一首欢快有趣的字母歌。然后，学生起立，伴随着音乐唱歌、拍手、转圈、跺脚。做完字母巩固练习，整堂课过去了将近30分钟。

最后是划分音节和词语搭配练习。老师用投影仪出示练习题，并叫一个学生在投影仪上做题，其他同学则在自己的本子上做题。

▎赏析与反思 ▎

课后，这位芬兰老师告诉我们，一般情况下芬兰的小学生会有少量家庭作业；低年级的学生每天做家庭作业的时间不超过半小时，很多时候老师会让学生在课堂上完成；高年级的学生每天做家庭作业的时间不超过一小时；周末和寒暑假不允许留作业。

当然，学生通过完成一定量的作业来巩固和提高自身的学业是无可厚非的。可是在我国由于作业布置不当而带来了诸多弊端。作业的不合理性主要表现在以下几个方面：第一，作业明显超量。任课老师是从提高学生的学科成绩出发的，因此作业量自然偏多。第二，作业缺少一定的层次性。大多数老师布置给学生的作业是一模一样的，这样就很难兼顾到学生的学业基础和智力水平。第三，作业明显重知识而轻能力。目前，我们的学生做作业主要是为了应试。

事实上，我们教育的落后主要是观念的落后。如果我们的教育观念真正能从应试教育转变为素质教育，那么我们的学生也不会再视作业为猛虎，如此一来，肯定会取得更好的教学效果。

（刘凤梅，北京市芳古园小学）

强调参与的新加坡课堂

视　点

　　新加坡的小学数学课堂教学与我们国内的小学数学课堂教学既有相同点，又有不同点，两者各有优势。新加坡的学校重视教育传统的传承，同时强调学生在课堂教学中的主体地位，强调学生的参与。这都值得我们思考。

| 课堂回放一 |

　　这是新加坡南洋小学四年级的一堂数学课。

　　在这堂课上，学生主要学习统计方面的知识。这堂课与国内具有相同教学内容的课有以下不同点：

　　一是上课地点不同。南洋小学四年级 A 班的这堂课都在路边公共汽车站上的，他们在那里亲自观察并记录汽车流量；国内大部分课堂教学是在教室内进行的，很少有在教室外进行的。

　　二是统计的时间不同。南洋小学四年级 A 班的学生花了近 50 分钟统计汽车流量，而国内的教师一般会让学生花几分钟去统计。

　　三是观察的素材不同。南洋小学四年级 A 班的学生到公共汽车站观察汽车，这里的素材是随机的；国内的教师更多地会让学生观看事先录好的录像，而且录像还可能是人为处理过的，处理者会让录像中的车辆种类丰富，避免单一。

　　四是记录的方式不同。南洋小学四年级 A 班的学生主要是采取画四竖一横或画五竖，甚至杂乱无章地画竖线的方式来记录；国内的学生则更多地采取画"正"字的方式来记录。

另外，南洋小学四年级 A 班的学生有的打着伞坐在地上独自记录，有的边嬉戏边记录，老师不会过多干涉学生的记录过程；国内的教师会让学生以小组的形式进行记录，教师还会对学生的整个记录过程进行监控。

课堂回放二

这是新加坡小学一年级的一堂课。

在这堂课上，学生主要学习有关"数的组成和分解"的知识。在这堂课上，我们能看到国内数学课堂的影子，还能从教师的板书中看到化学分子结构示意图的影子。寓教于乐，让学生在游戏中学习是本堂课的特色。

教师先将全班学生分为两组，男生一组，女生一组，然后要求男生和女生分两列面对面地站立着。

列与列之间的过道中放着 10 张卡片，分别写着 0、1……9。

接下来，两列学生分别报数，规定所报数字为学生的学号，教师要求学生记住自己的学号。

老师说出一个学号后，两列中与学号相对应的学生就出列。

然后老师说出一个数字（比如 5），之前出列的两个学生就去拿两张卡片，要求两张卡片之和等于老师说的数字，先拿到卡片且符合要求的学生获胜。

在这堂课中，出现了学生争执的场面，但老师并没有进行引导。当时，老师说了数字 9，两个学生都抢到了卡片 1 和 8，但男生由于力气大最终将两张卡片抢到手，老师便宣布男生获胜。在国内如果出现类似情况，我们一般会引导学生去拿能组成 9 的其他卡片。

赏析与反思

听完课之后，我的头脑中闪现了很多问题：新加坡是一个非常现代的国家，各个行业都追求高效率运转，为什么新加坡的教育反而不像国内那样关注效率呢？他们真的不关注课堂效率和教学质量吗？在课堂教学过程中，为什么教师很少讲授，也很少引导学生？南洋小学很重视教育传统的传承。孔子的"因材施教"、"有教无类"等教育观念深刻影响着该校的课堂教学。

任课老师是这样解释的：第一，学生之间存在差异，他们的家庭环境、智商、知识基础等方面的差异客观存在着。第二，过多的讲授可以帮助一部分学生思考，但同时也一定会干扰和影响另外一部分学生的思维，在衡量二者的得失之后，他们选择了积极地"等待"，不过多地干涉课堂。第三，老师要尽可能为学生提供素材，丰富授课方式。

而南洋小学的教导处是这样解释的：他们并不是不关注课堂教学效率和教学质量，只不过他们关注的点不一样。他们认为，学生应该养成终身学习和独立学习的习惯，具备批判性思维和创造能力。学生应该学习解决问题的技能和系统思维的技能，能够提出独特的见解。学生应该具备查询、评估、加工和应用新知识和信息的能力，成为优秀的学习者、创造者和交流者。学生应该具有高度的道德完整性和对待多元文化的清晰敏感性，应该具有强烈的公民意识和高度的社会责任感。基于此，新加坡中小学的课程设置注重将学生的知识技能培养和生活技能培养有机结合起来。

我发现，新加坡的很多教学方法跟国内的很相似，但新加坡的教育重视培养学生的技能和提升学生的能力，新加坡的老师是站在服务于学生学习的角度来选择课堂教学方法和策略的。

在听了南洋小学的课之后，我深刻认识到引导学生自主学习是保障课堂教学效率和教学质量的有效方法。教师可以采取多种策略或方式有效促进学生自主学习，比如讲授、引导、表演，甚至积极地"等待"，这些策略或方式要交互使用。值得注意的是，学生的学习过程是一个自主建构的过程，在这过程中教师一定要关注学生的自主性，不然，很难保证课堂教学的高效率。另外，不要过分夸大任何一种策略和方式的作用，教师要针对不同的课程和教学内容选取与之相适应的教学方式或策略。

（丁凤良，北京市海淀区中关村第一小学）

马路边上的新加坡数学课

视　点

"过去我们把兴趣当成手段，现在我们把兴趣当成目标"，这一理念已根植于每一位新加坡教师的心里。这种理念指导下的课堂教学会是怎样一种情形呢？让我们一起走进新加坡小学的数学课堂。

┃ 课堂回放 ┃

这是四年级的一节数学统计课。

宣布上课后，老师将学生叫到前面席地而坐（在新加坡的小学里，学生们经常这样坐着听老师讲课），了解了学生的家庭作业完成情况之后，教师开始组织教学。

一、统计前的准备

老师首先告诉学生这节课的学习任务是统计交通工具。学生将步行十多分钟，到学校附近的马路边统计路过的车辆数量，回来后学生要用电脑制作统计图。教师还引导学生讨论了采用什么方法做记录比较好。讨论之后，大家认为采用画四竖一横的方法（如同我们采用画"正"字的方法）来记录比较好。

接着教师把全班 25 名学生（这个班是高才班，所以是 25 人一个班）分成 5 个组，每组 5 人。在组长的带领下，每个小组成员小声地说出自己准备统计哪种车。过了一会儿，老师询问学生的分工情况，并提问了几个学生，要他们说说自己准备统计哪种车。

之后，老师发给每个学生一张车流量统计表，如下所示。

车流量统计表

在你的学校附近收集各种行驶车辆的数据，并填写表格。

你准备选择哪种车辆做记录？_____

车辆种类	车辆数目	占总车辆的百分比
小轿车		
卡车		
巴士		
摩托车		
其他的车		

根据以上数据制作一个条形统计图。

你认为你的统计结果受下列因素影响吗？

（1）地点_____

_____

（2）时间段_____

（3）样本大小_____

（4）车辆种类、区域或路段_____

二、组织学生外出统计

学生们在老师的带领下来到了马路边。老师宣布了注意事项后，学生们以小组的形式开展记录，他们盯着飞驰而过的汽车，生怕漏掉了任何一辆。那天很热，有的学生打着伞坐在草坪上边数边记，有的学生趴在地上边数边记，还有的站在路沿边上边数边记，汗珠顺着他们的脸颊流下来，他们也顾不上擦。学生的那种认真劲儿让我很感动，我忍不住把他们的一举一动都拍了下来。

我看到一个男孩趴在地上，他的纸的左半部分画了很多小竖线，密密麻麻。一个同学走过去说："你画错了，是四竖一横，你没有注意听。"那个男孩说："我已经顾不了那么多了，我快要累死了。"我笑着说："我估计你回去之后会更累。密密麻麻的，你能数得清吗？"他认真地回答："能！"他的小手还在画着竖线，嘴里自言自语地说："我快要疯掉了，我怎么选了统计这种车啊！"原来他选的是小轿车。尽管很累但他没有丝毫的反感，而是快乐地统计着。

我还看到一个男孩，他的纸上只画了几条竖线，我问："你统计的是哪种车？"他说："是后面有车厢的拉货的车，这种车太少了。"我问："你喜欢这节课吗？""喜欢！"他回答得很干脆，回答的同时眼睛却始终盯着路上的车。我不忍心打扰他了。每一个学生都在认真地做自己的事，没有一个学生打闹或嬉笑。

三、对统计活动进行总结

统计活动结束后，老师进行了简短的总结，然后学生们排队返回学校。

听任课老师说，下节课学生将对这些数据进行分析。学生首先要完成老师布置的作业，然后要用电脑制作出统计图。

学生足足花了 36 分钟进行统计！加上来回的时间 20 分钟，这次外出统计活动一共花了将近一个小时。（事后我们了解到，新加坡小学的数学课是每节 30 分钟，一般都是两节课连着上，教师还可以根据具体情况灵活安排教学时间）这样的课堂有利于提高学生的探索能力和交流合作能力，有利于提高教学效果。

▌ 赏析与反思 ▌

我非常欣赏这位新加坡老师的教学方法，他把教学与生活结合得如此完美。如果让我来上这节课，我会放一段有关的录像或设计一个生活场景，虽然这些情景也是真实的，但总免不了给学生一种人为设计的感觉。新加坡的老师却直接把学生带到马路边来统计来往的车子。这一教学环节充分体现了数学与生活的密切关联，使学生真正体会到了统计的要点——数据要真实、要来源于生活。

当然，我们的班级人数多，马路上的车多且行驶速度快，而新加坡的班级人数少，并且马路上的车与行人也很少，司机看到行人都会自然放慢速度，因此，新加坡更具备让学生到室外上课的条件。

听完课后，我有点担心学生没有掌握相关知识点。通过与这位新加坡老师交流，我知道我的这种担心是多余的。那位教师的一句话深深地触动了我："过去我们把兴趣当成手段，现在我们把兴趣当成目标。"这种理念已深深地植入到每一位新加坡教师的心里。

通过这节课的学习，学生们对统计产生了兴趣。让学生对统计产生兴趣就是本节课的教学目标。我想学生的学习兴趣不会因这节课的结束而消失，它会激励着孩子们不断地研究、探索，从而发现新的知识。

（袁士湘，北京市海淀区中关村第一小学）

注重学生探究能力培养的美国美术课

视　点

　　新课程改革注重学生探究能力的培养。美国的一堂美术课引发了我对学生探究能力培养的一些思考。

┃ 课堂回放 ┃

　　这是美国的一堂美术课。

　　上课时，琳达老师先在教室里摆放了一棵圣诞树，然后要求学生以"圣诞快乐"为主题画画。结果绝大多数学生画的是圣诞老人或圣诞树。

　　这是怎么回事？她一边在教室里来回走动，一边观察学生。结果她发现，很多学生画的就是教室里摆放的那棵圣诞树，有的同学干脆临摹画册上的圣诞老人和圣诞树。

　　面对学生们陆续上交的作业，琳达一脸愁容。很多学生的画看起来画得不错，但绝大多数学生是照着别人的画画的，他们没有充分发挥自己的想象力。

　　在这种情况下，琳达老师让学生收起画册，并搬走了摆放在教室里的那棵圣诞树。她要求学生根据自己的亲身经历和真实感受来画画。这可难倒了学生，他们怕画得不好，于是不敢画；他们犯愁了，不知道该画什么，于是拿着笔发呆。

　　很多同学开始询问琳达老师。琳达说："如果给你一棵圣诞树，你打算怎样装饰它？你想往圣诞树上挂些什么样的礼品？你打算把它送给谁呢？"

在老师的启发下，学生们茅塞顿开。他们画出了千姿百态的圣诞树，树上挂满了琳琅满目的礼品，树旁边站立着各种各样的人。

这是一堂很生动、教学效果很好的美术课。

▎赏析与反思▎

下课后，琳达老师对我说："学生不能总是临摹他人的画，不然，学生怎么可能具备独立观察、思考和创作的能力呢？学生只有养成独立观察、思考和创作的习惯，将来才有可能成为有名的画家，才可能画出惊世之作。"

在推行素质教育的今天，我们应该重视学生综合素质的培养，尤其要重视学生探究能力的培养。

课堂是培养学生探究能力的主阵地。教师不应该用自己或教材上的结论来束缚学生的思维，而应注重培养学生的探究能力。琳达老师的做法值得我们借鉴。

（邓颖杰，江苏省宜兴实验学校）

以学为主的美国写作课

视　点

　　教师在课堂教学中，应该做到以下三点：一是使学生"爱学"，即调动学生的学习兴趣；二是使学生"会学"，即强调学生的自主学习；三是使学生"善学"，即鼓励学生创造性地学习。美国的教师非常注重学生的主体地位，强调以学为主。

课堂回放

　　这是美国普莱士中学的纳塔夏老师上的一节关于英语写作的公开课。

　　教师在黑板上写下了如下内容：

　　教学要求：学习写作技巧。

　　教学内容：改写句子并对所改写的句子进行评价。

　　教学目的：掌握改写的主要技巧，提高写作能力。

　　时间安排：这一堂课的总授课时间为70分钟。（1）学生用10分钟从自己的作文里找出一个喜欢的句子，并将它改写成五个不同的句子，即用五种不同的方法进行改写。（2）老师用5分钟写下学生是怎样修改句子的，看他们是去掉了句子的多余部分还是对句子结构进行了重新安排。（3）学生用5分钟向同桌阐述自己改写句子的目的。（4）每个小组用5分钟进行讨论和总结。每组选一个代表将小组成员在修改句子过程中所采用的策略写在一张大纸上，然后张贴到墙上。（5）教师用5—10分钟将各组归纳的内容进行分析总结。遇到不确定的问题时，学生可以随时提问。（6）师生再用 10 分钟将改写句子的技巧归纳成两类，即内容改写技巧和编辑技巧。（7）学生用 5 分钟思考自己修改句子时采用了两类技巧中的哪类技巧。（8）最后 20 分钟，教师发放一篇短文，让学生用所学技巧对短文进行修改。

整堂课 70 分钟，教师只用了大约 15 分钟进行分析讲解，其他时间都是小组活动或学生独立练习。

赏析与反思

美国的教师一般会做以下工作：（1）确定教学目标。（2）建立一个评分指标，以便检测学生是否掌握了教学内容。（3）对教学活动进行设计，确保每个学生都参与到活动中。（4）根据评价数据，给学生提供反馈。（5）重新设计下一步教学。

在评价这堂课是否成功时，听课教师主要是看学生的"学"，而不是教师的"教"。他们的听课记录本上写的是学生讨论交流的内容、参与活动的学生人数等。听课教师一致认为这堂课是成功的。原因为：第一，在整个教学过程中，教师能够为学生提供思想碰撞的机会，并且教师对教学内容很熟悉，师生之间和生生之间有互动。教师为学生的学习和参与创造了一个积极的环境。第二，80％的学生达到了教学目标，掌握了修改句子的技巧。第三，教师给学生提供了足够多的时间来掌握学习内容。第四，教师自始至终对学生进行监测，对学生的学习活动进行了公平有效的评估。另外，学生也参与到了评价活动中。

在本堂课上，教师只用了大约 15 分钟进行分析讲解，其他时间都是学生自己活动。在美国的评价者看来，学生参与度是判断学生主体地位是否落实和学生主体性发挥如何的主要指标。优质的课堂教学应该让学生动脑思考、动口表达、动手操作，让每个学生都有学习经历的体会，而且大多数学生都能达到教学要求。这与我国的"师讲生听"的教学模式完全不一样。学生如果愿意学习并能积极投入到学习中，将获得很好的学习效果。日本研究者龟口蕙治对学生的学习方式和记忆效果之间的关系进行了研究，得出了以下研究结果：教师满堂灌，学生只能记住5%；学生自己阅读，能记住10%；使用图像，学生能记住20%；演示试验，学生能记住30%；课后讨论，学生能记住50%；演讲后，让学生练习，学生可以记住75%。

（余艺文，广东省深圳市盐田区外语学校）

学生大胆说出"没听懂"的日本语文课

视 点

在日本的课堂上，没有听懂的学生会当着全班同学和老师的面坦白自己的学习状况。是什么样的评价体系让学生敢于真诚地交流，敢于正视问题和自己的缺点、错误？

课堂回放

这是一堂小学语文识字复习课。

教师让学生找些字谜，然后让学生通过猜字谜的方式来巩固学过的生字。

临下课只有5分钟了，教师对这堂课进行总结。只见教师手拿一根粉笔，在黑板上从上至下写下"5"、"4"、"3"、"2"、"1"。教师问："在这堂课中，觉得自己收获极大，表现也很出色的，归为'5'数字列，认为自己属于'5'数字列的学生请把手举起来。"

话音刚落，几个学生就举起了手。这时教师又说："在这堂课中，觉得自己比较有收获，表现也很积极的学生，归于'4'数字列，认为自己属于'4'数字列的学生请把手举起来，让老师看看有多少人。"

话音刚落，又有一部分学生举起了手。当说到"1"数字列时，教师说："觉得这堂课糟极了，自己没听懂，并且表现也不太好的人，归于'1'数字列，有谁认为自己属于'1'数字列？"

让笔者震惊的是，教师的话音还未落，两只小手就已高高地举了起来。教师让他们详细地说明为什么把自己归为"1"数字列。一个学生说，因为他找的两个字谜没有一个被猜出来，所以，他很扫兴，觉得自己的表达失败了，于是这堂课的很多内容他也没有心思听。教师马上充分肯定这个学生为找字谜所做的努力，之后又帮助他分析，说或许是由于他找的字谜难度太大，所以大家都没猜出来，他完全不必灰心，应该继续努力。

▏赏析与反思▕

一堂课在轻松的气氛中结束了。这堂课引发了我的很多思考。设想在中国的课堂上，当教师说到"1"时，还会有人坦诚地举手吗？恐怕很少，甚至没有。原因就在于我们的评价活动给学生造成了很大的压力。在整个评价过程中，甚至在整个教育教学过程中，学校没有给学生一种安全感，没有营造一种自然的氛围，以致学生害怕别人发现自己的"不好"，害怕真实地暴露自己，不敢正视自己的过失。另外，很多学生害怕受到惩罚。

在日本的课堂上，学生之所以敢于当着全班同学和老师的面坦白自己的学习状况，是因为他们的评价活动没有给学生造成压力。师生之间和生生之间真诚地交流着，当有人坦白地说出自己的缺点和错误时，大家彼此谅解，绝没有鄙视和嘲笑。

因此，营造一个自然、宽松的教学氛围非常重要。只有在这样的氛围中，学生才能真实地展露自己，教师才能真正地了解学生，从而有针对性地改进教学，提高教学质量。

（赵艳琴，北京市私立汇佳学校）

注重情感体验的日本国语课

视　点

　　《跳水》是俄罗斯作家托尔斯泰创作的儿童文学作品，也是多次入选中国语文课本的传统篇目。那么日本的教师又是如何讲授这篇课文的？下面我们来看日本教师松木正子严的教学计划以及课堂实录（片段）。

▎课堂回放 ▎

　　先看教学计划。这篇课文的教学时间为9课时。教学目标为：一是依据叙述想象文中的场景和人物的心情，并把握作品大意；二是品味作品的有趣之处，加深对父爱和生命的思考。整篇课文的教学大致分为四个步骤，下面是每个步骤的教学内容。

　　教学步骤一（2课时）：阅读全文，思考学习要点（教师根据学生初读后的感想，把握阅读倾向）。

　　教学步骤二（4课时）：把握文中的每一个场景和人物心情。

　　教学步骤三（2课时）：思考"跳水"这一标题的含义，根据自己对文中父亲的感想进行写作，然后学生之间相互交流。

　　教学步骤四（1课时）：学习汉字和新词。

　　日本的阅读教学十分重视学生的阅读感悟。教师在教学步骤一中让学生交流初读课文后的感受，在教学步骤三中，安排两节课的时间让学生充分表达阅读之后新的认识和感受。这是日本阅读教学的基本特色。下面我们要研究的是教学步骤二的教学内容"把握文中的每一个场景和人物心情"。从整个教学计划来看，这个教学环节和中国的讲读课最为接近。

以下是学习这篇课文的高潮部分"父亲在危急关头，把猎枪指向自己心爱的儿子，并命令他从高高的桅杆顶上跳水……"这一段的课堂教学实录。这部分内容被安排在第 5 课时学习。这一课时的教学目标是想象父亲把枪指向儿子这一情景，想想父亲为什么要这样做，并体会父亲当时的心情。

为帮助学生理解课文，教师根据学生提出的疑问，安排了如下学习活动：

①明确学习目标。（体会父亲的神态和心情）

②朗读相关的教材内容。（朗读指导）

③理解儿子处境的危机。

④根据文中语句，想象儿子听到水手惊叹声时两腿哆嗦的场面。

⑤根据文中语句，领会儿子所在位置的高度，想象他若要返回可能会出现什么样的情景。

⑥思考父亲突然把枪指向儿子的原因。

⑦想象父亲当时的心情。（要求学生交流时尽量用教材中的语句来说明自己的理由）

⑧阅读全文。（体会文中的描写是否形象地表现了当时的情景和人物心情）

⑨预告下节课的学习内容。

以下为第 5 课时的部分课堂实录，主要为学习活动④、⑤的教学片段。

板书：父亲为什么突然把枪对准自己的儿子？

学生 1：我觉得是因为儿子的腿哆嗦，这样很容易掉下去，父亲是为了不让他哆嗦才这样做的。

主持人：大家觉得这个回答怎么样？（主持人是教师从学生中选出来的）

学生 2：既然危险，父亲为什么还要用枪对准他呢？

学生 3：比起掉在甲板上，掉在海里要好些。

学生4：那一瞬间正好父亲手里拿着枪。

学生5：把枪对准儿子，会使儿子更害怕，不如温柔地对儿子说："快点，往海里跳。"

学生6：儿子稍有偏差就会丧命，当时容不得父亲慢慢地说。

学生7：儿子害怕被枪打死，一紧张就会按照命令去做。

学生8：父亲用数数的办法，让儿子在腿来不及移动的情况下就跳到水里。

学生9：在儿子两腿哆嗦的时候，我想果断的命令效果会更好。

学生10：那是在四十多米的高处，要是让我从那么高的地方跳下去，我会很害怕。不过，想到要被枪打死，我可能也会选择跳下去。我想父亲是揣测了儿子的心理之后才这样做的。

学生11：课文中写着"回头已经不可能了"，因此跳水是唯一选择。

老师：大家有没有跳水的经历？

学生1：有。

学生2：太害怕，不敢跳。

学生3：我会跳。

学生4：我跳过，但跳下去之后胸脯被水拍打得红红的，好疼啊。

学生5：那是你没跳好。

学生6：大家都说只要跳到水里就会得救，要是跳不好，也相当危险啊。

学生7：被水面拍打可能与落在甲板上一样危险吧。

老师：这些恐怕父亲都清楚。那么父亲为什么还要对儿子发出"跳水"的命令？

学生8：父亲一心想着救儿子，太着急了，来不及多想。

学生9：儿子从那么高的地方掉到甲板上一定会死，不管怎样，在那种情况下父亲能发出"跳水"的命令很需要勇气。

学生10：当时儿子的腿哆嗦，他并没有主动跳的意识。父亲吓唬他是想让他主动地跳。这样会比掉到甲板上要好些。

主持人：因为时间关系我们暂时讨论到这里。在下一节课上我们继续讨论"如果儿子没有跳，父亲会怎样"这个问题。

▎赏析与反思 ▎

尽管这只是一个教学片段，但是我们能够从中发现中日两国小学阅读教学之间的鲜明差异。日本的阅读教学具有以下三个特点：

一是教师围绕学生在阅读过程中提出的问题来组织教学。日本的教师在学生阅读一遍课文之后，大多会安排学生交流阅读感想，包括提出疑问。而学生提出的问题正是教师组织阅读教学的主要依据。

从教学安排可以看出，老师要学生在这节课上讨论的问题"父亲为什么突然把枪对准自己儿子"和在下节课上将要讨论的问题"如果少年没有跳，父亲会怎样"，都是学生在阅读过程中提出的问题。教师从学生的疑问着手组织教学，反映出教师对学生需求的关注，体现了以学生为本的教学思想。

在课堂教学中，日本的教师放手让学生自己主持讨论，教师只是在关键处做适当点拨，以引领讨论沿着正确的思路开展。这样的课堂真正实现了学生的自主学习。日本教师的主导作用主要体现在设计教学内容和在讨论关键处做适当点拨上。这与中国的教师对教学内容做周密的设计和在教学过程中做过度的指导形成了鲜明的对比。

二是让学生交流阅读感受。通过欣赏这一教学片段，我们可大致了解日本阅读教学的主要内容。从《跳水》一课的教学计划来看，日本阅读教学的一项主要内容就是让学生交流阅读感受。教师首先安排了 2 个课时让学生交流初读课文后的感受，然后又安排了 2 个课时让学生充分表达阅读之后新的认识和感受。根据教学步骤二的教学内容"把握文中的每一个场景和人物心情"，可以推测这 4 个课时主要是讨论课文中的每一个场景，体会人物的心情。这一点可以从上面的课堂实录中得到印证。而讨论这些场景和人物心情是为了让学生对课文有深入理解和实现感受的升华。

初读课文之后，很多学生发出少年无畏的感想，但经过讨论和交流，学生们开始关注父亲临危不惧的应变能力和竭尽全力救助儿子的爱子之心。这种变化表明，学生通过主体阅读，对作品主题的理解和认识逐步加深了。

三是教学目标集中。日本阅读教学的目标取向主要是提升学生对文本的理解力，丰富学生的情感体验等，而听说、写作等语文能力的训练，文本中所包含字词句篇以及文章表达方法等知识，也就是日本教育界所称的"语言事项"的教学，则主要不是在阅读教学中完成。日本国语教材中的听说训练、写作训练和语言知识教学都是独立成单元的，或者是在阅读单元中独立成课的。

（吴忠豪，上海师范大学初等教育学系）

强调自主学习的德国阅读课

视 点

阅读课应该怎样上？德国萨克森州一所国立小学的阅读课非常重视培养学生的学习兴趣和能力。这堂阅读课将会给我们带来怎样的思考呢？

▎课堂回放▎

这是德国的一堂很有意思的阅读课（课时为90分钟）。

进入教室看到的是席地而坐的老师和学生们，他们正就前两天阅读的一本关于海豚的书的第一章进行互动交流，交流的主体部分是书中描述的内容。

接下来，教师给学生布置作业。首先她发给每个学生一份作业单，并用了近15分钟的时间对作业提出规范要求，涉及如何书写、可选用的笔、如何进行小组讨论、可参考的资料等。然后她又告诉学生，第二题和第三题是必做题，将对其进行判分，其他题可选做，这些题大多为拓展题，涉及面很广，如有关海豚的剪贴画、词汇等等。（教师把这些题分门别类地放在教室前的架子上）

教师布置完作业后，学生便进入写作业阶段。课堂似乎有些乱，孩子们可以随意地在教室里走动。有的孩子趴在地上写，有的靠着墙壁写，有的甚至跑到走廊里选择一个僻静的角落独自完成。但看得出孩子们都很专注，他们对作业非常感兴趣。

在将近35分钟的作业时间内，教师只是在学生举手示意的时候才来到学生身边进行指导或在孩子们大声说话时走近孩子示意其不要影响他人。

65分钟过去了，老师让学生用大约10分钟汇报作业完成情况。孩子们用彩色画笔在作业单上对自己的作业完成情况作出了评价，教师也对孩子的作业一一进行了正面评价，并让孩子将自己的作业按顺序排列装订成册。在教学的最后环节，老师再一次让孩子们围坐在教室前，她简单总结第一章的内容之后，让学生轮流阅读第一章，这一环节主要是为了检测学生的阅读能力。我发现有部分孩子的阅读能力不强，读得不通畅的孩子还比较多。

赏析与反思

从德国的这堂阅读课中可以发现，德国的课堂教学具有以下特点：

首先，很少有教师采取"满堂灌"的传统讲授法，更多的是启发和引导学生通过交流或独立搜集相关资料来掌握知识和信息。

其次，教师尊重学生的个体差异，关注学生的需求。在课堂中教师不会给学生灌输过多的知识，他们会给予请求帮助的学生或学习有困难的学生必要的提示和引导。教师会对学生的学习表现进行有针对性的鼓励，但绝无指名表扬，更无点名批评。

第三，教师注重学生学习能力的培养。德国的课堂教学给我的总体印象是教学内容的容量比较小，但要求学生通过各种途径主动获得知识。在课堂教学中，教师的话不多，但通常会在小组交流、作业完成、搜集资料等方面对学生提出较高的要求，让学生在完成任务的过程中逐渐掌握学习方法和途径。

第四，课堂氛围轻松自在。学生可以在课堂上坐着、趴着、躺着，甚至走出教室。德国的教师认为，能够激发学生学习兴趣的课堂教学就是好的课堂教学。轻松自在的课堂氛围有利于培养学生的学习兴趣。

当然，从德国的课堂教学中我们也发现这样的现象：学生间的学习差异还比较大。就这堂课而言，学生在词汇量的掌握、词语的运用等方面存在的差异比较大。

通过聆听德国小学的这堂阅读课，我对德国的小学教育有了一个感性的认识，特别是他们的课堂教学对学生学习兴趣和能力培养的重视给我留下了深刻的印象。

（谈以群，江苏省无锡市滨湖区华庄中心小学）

重视复述训练的俄罗斯阅读课

视　点

俄罗斯小学的阅读教学非常重视复述（书面转述）训练。教师将书面转述训练看作是培养学生写作能力的第一步，学校还有专供复述教学用的课本。那么复述在阅读教学中究竟能起到什么样的作用呢？

▌课堂回放▐

这是莫斯科一所小学的一堂阅读课，使用的范文是三年级的复述教材中的《红气球》，整个教学过程分两课时进行。

第一课时

（一）复习上节课的内容

1. 复习"动词"的用法。

2. 让学生解释和书写"挣脱""挥舞""蹦跳""眺望"等几个动词，并用这些词语造句。

（二）解读《红气球》

首先，这位女教师充满感情地朗读范文，朗读完后立即组织学生进行讨论。她向学生提出了以下问题：

1. 这个故事写了谁？（写了女孩子阿琳卡和男孩子杰尼斯）

2. 两个孩子为什么只买了一只气球？（因为他们身上只有十个戈比）

3. 杰尼斯放跑气球是故意的还是不小心？（杰尼斯是故意放跑气球的，因为气球想挣脱他的手向天空腾飞）

4. 为什么行人们都收住脚步仰望空中的气球？（因为红气球的腾飞非常漂亮，行人们都不愿放弃这次观赏的机会）

5. 阿琳卡刚开始想把飞走的气球抓回来，可是后来她对杰尼斯说："如果我还有一个硬币，我想再买一只气球让它飞走。"这是为什么？（红色的气球十分美丽，而阿琳卡只有这么一个，因此，它刚飞跑时阿琳卡很舍不得。可是当她看到行人们都在观赏腾飞的红气球时，她就希望自己能给大家再一次带来快乐）

6. 这个故事对你有什么启发？阿琳卡认为什么是真正的幸福？（阿琳卡认为，与许许多多的人分享快乐是最大的幸福）

最后一个问题有一定的难度。为了引导学生得出答案，教师让他们反复朗读范文中描写红气球腾飞和行人们驻足观赏的句子。读完后，学生们展开了讨论。

学生 1：红气球无声无息地向天空飞去，越飞越高，美丽极了。

学生 2：你们想，气球是红色的，而天空是蔚蓝色的，远远望去一定很漂亮，难怪行人都要停住脚步来观赏。

老师：红气球向蓝天腾飞的景象的确十分美丽，于是行人都停下脚步抬头观赏，他们的脸上一定都流露着喜悦。这就是说，气球的腾飞不仅给杰尼斯和阿琳卡带来了快乐，而且给许许多多陌生人也带来快乐。因此，阿琳卡不再为失去气球而惋惜，她开始懂得：一个人的幸福并不在于占有美丽的东西，而在于能为大家带来喜悦。

（三）编拟复述提纲

1. 让学生思考复述提纲。（学生把范文分成三大段，并编拟了提纲）

2. 让学生为文章拟一个标题。（学生们争先恐后地编拟了许多标题，如"美丽的红气球"、"腾飞的红气球"、"阿琳卡和杰尼斯把美献给人们"、"孩子们为人们带来了欢乐"）

3. 让学生在范文的结尾处增加描写阿琳卡心理活动的语句。教师让学生认真思索阿琳卡所说的话，想象阿琳卡看到人们的脸上流露出喜悦时产生的思想活动。（在教师的引导下，孩子们纷纷提出了自己的看法，例如，"阿琳卡懂得，人应该努力把欢乐带给别人。""阿琳卡决定同大家分享美好的东西，因为只有这样，她自己才会感到幸福。"）

第二课时

（一）复述指导

1. 教师在黑板上写下了一些连词和副词，如，"起先……接着……"、"一……就……"、"稍稍"、"悄悄"等，以引导学生进行复述。

2. 让学生讨论这些词语并进行口头造句。（例如，"我一松手，茶杯就掉在地上了。""我稍稍地踢了一会儿足球。""妈妈悄悄地走进房间"等）

3. 让几位学生先朗读范文《红气球》，然后讲述自己的复述提纲。

（二）学生书面转述

要求：1. 可以用自己的话来叙述。2. 一定要描写红气球腾飞时的美丽景象，以及行人们观望时欣喜的神态。3. 在文章结尾处要增加描写阿琳卡心理活动的语句。

赏析与反思

国外的语文教学十分重视学生口头复述和书面转述的训练。美国教育家罗宾森倡导的一度盛行欧美的"SQ3R"阅读法，将读书的过程分为五个步骤：概览（survey），提出问题（question），精读（read），复述（recite），复习（revise）。"复述"是阅读文章的一个必不可少的环节。罗宾森提出，复述是为了促进并加深对文章内容和要点的理解或记忆。

俄罗斯的语文教师把复述作为语言表达能力训练的一种方式，并且专门选择一些内容生动、结构完整、语言规范的课文作为训练的材料。

在这两个课时中，教师花了10分钟来复习上节课的内容，其他时间都用于学生复述。可以说，这两堂课就是为了培养学生的书面转述技能而组织的。

从上面的教学案例中，我们可以很明显地感觉到俄罗斯语文课上的复述训练与国内阅读课上的复述训练的差异。我们的部分阅读课也有复述训练，但课堂教学往往以阅读为主，以复述为辅。复述成为一种点缀，几乎没有教师会围绕复述来组织教学。

　　而俄罗斯的这两堂课却以复述训练为主，组织学生进行复述训练是这两堂课的主要任务。在教学过程中，教师先让学生读懂课文，然后提出一些问题供学生展开讨论，最后让学生给文章分段，并列出复述提纲。教师的意图很明确，就是为了帮助学生更好地进行转述练习。这两堂课教学目标明确，教学重点突出，因此取得了良好的教学效果。

　　那么这样的课堂教学是否会削弱语文课的人文教育功能呢？不会。教师让学生讨论阿琳卡最后所说的话的涵义，想象阿琳卡的思想活动，这样学生就会自觉地体会到故事隐含的道理，这次语文课的人文教育功能也就发挥得很充分了。

　　　　　　　　　　　（吴忠豪，上海师范大学初等教育学系）

另类的美国"结婚课"

视　点

早在1999年美国俄勒冈州巴克洛斯学校就要求八年级以上的学生选学"结婚课"。这是一门新课程，提出这一建议的是该校的克利福·艾伦老师。他本人很早就结了婚，而且认为青少年在读书期间有必要选学"结婚课"。在过去几年内，美国40多个州的初中和高中都纷纷开设了与婚姻教育相关的课程。佛罗里达州甚至规定，与婚姻教育相关的课程是高中的必修课程之一。

▎课堂回放▎

巴克洛斯学校的艾伦老师以《爱的艺术》一书为教材（书中汇集了莎士比亚、劳伦斯等著名文学家对爱情和婚姻的看法），在课堂上对教学内容进行深入浅出的讲解。他除了让学生阅读、讨论之外，还精心设计了这门课程的作业，作业需要学生上台表演。

学生先选择好"妻子"或"丈夫"，然后起草婚礼誓言，制定蜜月计划，接着穿上"婚礼服"，在音乐声中举行教室"婚礼"。随后，"新婚夫妇"共同安排"婚后生活"，如查阅报纸上的招聘启事，到实地去看一看想"租"的房子，上超级市场打听食品的价格等。艾伦老师还别出心裁地询问"新婚夫妇"一些问题，比如"如果你家里有人生病，他（她）一个月不能上班，银行的存款够支付家里的开销吗？"为了使学生们认识到结婚不能轻率，作业的最后还安排了"离婚"的环节。俄勒冈州平均每年有两万对夫妇离婚。在作业中设计"离婚"

的环节将会引导学生正确对待离婚现象。

▎赏析与反思 ▎

　　通过在"结婚课"上的学习，学生们明白了人与人之间需要相互理解。一些单亲家庭的孩子也知道了婚姻关系的复杂性，从而能够接受父母离婚的事实。显然对我国的青少年进行婚姻教育也十分有必要，我们应该引导学生正确对待离婚现象。

（李忠东，江西省赣县中学）

另类作品累积：打造生态作文的直通车

——透析美国中学的作文教学

视　点

　　作文教学一直是各国母语教学中的重点，研读《美国语文——美国著名中学课文精选》（同心出版社，2004 年版）时，我被其中第二部分"国家的诞生"第四课《穷理查德的年鉴》中的"作品累积"所吸引。该栏目不同于我国的记忆式语言积累，而是集中进行写作训练，而且写作样式多样，指导具体，重点突出，步骤清晰，特别关注信息时代的网络写作，细细揣摩，饶有兴味。

▍课堂回放▍

　　以下为系列美国作文课堂的教学内容。

《穷理查德的年鉴》（教材节选）

【阅读指导】

本杰明·富兰克林／"写作"的声誉／成功的秘诀

【背景知识】

历史：谚语的传统

【文学与生活】

联系你的经历／日志写作／专题聚焦：定义美国民族

【文学聚焦】

穷理查德的年鉴（节选）

本杰明·富兰克林

傻瓜准备宴席，聪明人来享受。

选朋友要慎重，换朋友更要慎重。

你把商店管好，商店管你吃饱。

早睡早起，健康、富有又聪明。

【问题指南】

文学和生活/阅读理解/思考/文学聚焦

【作品累积】（此内容为教师要求学生准备）

■点子库

写作

1. 个人叙述　叙述你生活中和富兰克林的某一条格言有关系的一个片断或场景，总结你从这次经历中所学到的经验教训。

2. 杂志文章　写一篇帮助人们获得成功的友谊的文章，包括怎样保持好朋友的建议。使用至少四条富兰克林的格言来支持你的观点。

3. 民间故事　写出一个原创的民间故事或寓言，作为支持《年鉴》中的一条格言的例证。

项目

1. 指导手册　做一本名叫《穷理查德的生活指南》的手册。参考《穷理查德的年鉴》中的全部格言，并按不同标题把相关格言分类，例如："做生意的指导"和"充分利用每一天"。在标题中总结穷理查德的建议，引出每一章。

2. 纸板游戏　根据《穷理查德的年鉴》创造一种游戏。设计游戏规则和一块游戏纸板。一种可供选择的方式：做出游戏卡片，上面标明主题，例如："友谊"和"教育"。

■微型写作课

格言网页

想象你要制作一个格言的网页，这个网页应该适应青少年的需要。为《穷理查德的年鉴》中的格言写一篇吸引人的介绍，然后制作两到三个链接，例如"穷理查德谈友谊"，以便你的用户可以点击这个链接，浏览相关的格言。

写作技巧重点：适合媒体的风格

为了达到为因特网写作的目的，你要考虑到人们怎样从不同的媒体中获得信息，然后为这种媒体选择一种适合的风格。媒体向其听众或观众发布新闻或任何信息的方式决定了它的风格：

广播

利用简洁生动的语言快速传播重点事实。

电视

对视觉形象和影视片段进行解释或补充的文字。

新闻杂志

对一个事件的多方面进行深层次的剖析。

在你制作网页时，记住即将从中获取信息的人们和他们如何获取信息这两方面决定了你的风格。

构思

根据你对你的观众的了解来决定怎样更好地表现富兰克林的格言。总览全部的格言，确定要包含的链接并为它们命名，然后选择要列入各个链接的格言。

写稿

考虑人们是怎样使用因特网的：他们通过快速的浏览来决定一个网页是否能引起他们的兴趣。制作一个使人感兴趣又包含大量信息的网页。

修改

确保你写作风格的每一个方面都能适应因特网的快速发展的需要。如果你看到这个网页的话，会有兴趣点击链接吗？对你发现的弱项进行返工。

评析与反思

21 世纪的作文教学应该是根植于现实土壤、不断更新生长的"生态作文"教学。作文教学的过程应是自由的、愉悦的、系统的，作文能力的训练应着眼于学生的可持续发展能力，而并非短视的、功利的应试作文技巧。美国的作文教学给我们提供了有益的借鉴。

一、关注网络写作，这是培养学生媒体素养的必然选择

美国语文课程标准提倡文化价值的多元化，注重语文的工具性和人文性的统一，注重培养学生的语言运用能力。随着广播、电视、电影以及因特网等电子媒介以声音、图像、文本等方式立体地海量散播，非线性信息处理方式逐渐替代线性文本阅读，这一切宣告了传媒时代的来临。美国语文课程标准提出了一个新的教育目标，即培养学生的媒体素养。如阿肯色州对学生的媒体素养规定了三条标准：（1）利用媒体获取信息，以增进理解；（2）将媒体作为个人回应和表现的方式；（3）利用媒体作评判性分析和评价。在本案例中，教师让学生制作网页，就是注重培养学生的媒体素养的表现。

我国新课标教材同样关注学生媒体素养的培养，但要求偏低。如人教版教材中的课文《怎样搜集资料》在指导学生搜集有关"电脑"的资料时，写道："首先要确定主题，使用搜索引擎，输入关键词下载资料。网络资料往往是宝藏与垃圾共存，要注意鉴别判断资料的真伪和优劣。把你从网上搜集的有关'电脑'的资料加以筛选并分类整理，然后与同学交流。"

这么简单的训练根本不需要放到语文课上进行教学，学生在微机课上早就学会了。而美国的语文教学将学生的写作练习与媒体能力训练等有机结合，这有利于激发学生的创新活力。

二、让学生进行多种文体的写作练习

美国的作文教学要求学生进行多种文体的写作练习。在本案例中，教师要求学生紧紧围绕富兰克林的格言进行写作，或叙述场景，或引用论证，或着眼原创，这里涵盖了三种文体："个人叙述"（记叙文）、"杂志文章"（议论文）和"民间故事"（原创文学）。其中最耐人寻味的是"民间故事"的写作，它强调原创性，区别于一般的写作文体。显然，围绕同一个主题进行组合式训练，有利于培养学生的写作素养。

我们平时大多会让学生写记叙文、议论文或说明文，很少会让学生进行其他文体的练习。

三、提供精要而适当的写作指导

比如上述《怎样搜集资料》一文要求学生围绕三个专题"中秋节""三峡""电脑"搜集资料，并对搜集到的资料加以整理，在此基础上，写成一篇专题小论文。除了"题目自拟，文体、字数不限"之外，没有任何指导，这对于八年级的学生来说有一定的难度。"小论文"的文体特征是什么，如何围绕专题展开论述，如何整理搜集到的资料，这些难题全部交给了老师和学生，教材恰恰对这些需要指导的问题避而不谈。同时，编者叙述前后矛盾，前面要求学生写"小论文"，后面又加上"文体不限"，说明编者并没有重视写作过程的指导。

我们再来关注一下本课例的写作指导。它强调写作要有读者意识：构思要针对读者的需求，写稿要考虑怎样吸引读者的注意力，修改则要着眼于激发读者的阅读兴趣。读者意识恰恰是我们写作教学中的盲点。这样的指导精要实惠，具有可操作性。

四、在作文教学中，要注重读写结合

我国的语文新教材基本上对每篇课文都安排了相应的语文活动或练习，主要是为了帮助学生阅读，引导学生进行语言实践活动。比如七年级上册的语文教材（苏教版）的"探究·练习"栏目共有85项语文活动或练习，其中属于感知的有23项，属于揣摩品味、语言运用的有21项，属于多解创意的有20项，属于比较阅读的有4项，属于记忆积累（主要是片段和全文背诵、熟读）的有17项。其中很少有读写结合的训练，且缺少系统性。再如八年级上册的语文教材（苏教版）《背影》一课的"探究·练习"栏目设计如下：

1. 课文多次写见到父亲的背影，每次背影各是在什么情况下出现的？作者为什么都止不住流下了眼泪？

2. 阅读下面几句话（略），联系课文，仔细体会父子之间的深厚感情。

3. 课文从背影描写父亲买橘子时的外貌、动作，运用了哪些准确

生动而又饱含父子深情的词语？

4. 熟读背诵第四段。

前三项均着眼于阅读理解和体验，第四项属于记忆积累，而这篇叙事散文的写作技巧却被忽视了。

我们再来看一下美国的语文教材，它体现了"读写一体化"的编写思路。阅读环节设置有"阅读指导"、"背景知识"、"文学与生活"、"文学聚焦"、"问题指南"等栏目。其中"问题指南"相当于我国语文教材中的"探究·练习"，分为"文学和生活"、"阅读理解"、"思考"、"文学聚焦"等。在写作练习环节设置有"作品累积"栏目，分为"点子库"和"微型写作课"两项，每一项均围绕阅读主题，立足于提高学生的写作水平。

"点子库"中的"指导手册"和"纸板游戏"很有创意。让学生编写指导手册，实际上是想让学生体验编辑的工作流程：阅读（整体把握）—分类（整合信息）—总结（写作引言）。让学生创造"纸板游戏"，充分体现了寓教于乐的教育理念。将"游戏"贯穿于阅读和写作过程之中，这样的设计既有利于教师进行指导，又能激发学生的学习兴趣，自然广受欢迎。

（袁爱国，江苏翔宇教育集团宝应县实验初级中学特级教师）

『下篇』教育中的细节

自由开放的美国中小学课堂教育

视　点

在美国，中小学教育的重要性并不亚于高等教育。中小学校为科研成果斐然的高等学校输送了大量科研人才。对于个人而言，中小学教育是人生的起点，是获得成功的基础。尽管美国的中小学课堂经常是闹哄哄的，但是美国的中小学校对学生的独立性、创造性和自信心的培养值得借鉴。

▎现象回放▕

美国小学的课堂气氛往往十分活跃，学生可以自由活动、自由发言。不管学生提出什么样的问题，即使是荒谬离奇的问题，美国的教师也不会动怒，而是因势利导，把学生的提问变成一个开放性的问题，并鼓励学生对这个问题发表独特见解。教师还经常倡导学生对自己的讲解进行批判性思考。这样，美国学生的个性在课堂上得到了自由发展，他们也敢于向教师和权威观点挑战。

另外，美国的学生可以自主选择学习时间和学习方式。学生可以决定自己的学习进程，可以选择采用独立学习或小组学习的形式进行学习。在这种自由、开放的教学环境中，学生可以根据自己的兴趣选择课程。

美国的教师不要求学生给出标准答案，并且鼓励学生得出不同的答案或提出新的问题，注重培养学生的想象力，充分发掘学生的内在潜能。

如美国的《发展 K-12 年级数学推理》一书中有这样一个例题：一只蟋蟀在直线的点"1"处，它希望能到达直线的点"0"处，但每次蟋蟀只能跳过所剩距离的一半。问：1. 蟋蟀第一步落在直线何处？2. 第二步落在直线何处？3. 第十步落在直线何处？4. 第一百步落在直线何处？5. 第 n 步落在直线何处？6. 蟋蟀最终能否落到"0"点处？解释理由。下面是学生的回答。学生 1：最终蟋蟀的身体变得非常小了。学生 2：因为它的身体每次都会变小，所以它不能在下一次的时候跳相同的距离，而只能跳所剩距离的一半。

学生的想法很离奇，明显偏离了解题思路，但是他们考虑到了蟋蟀体内的能量是逐渐减少的。

美国的课堂给学生提供了开放、自由的思考空间。学生可以在课堂上展开想象的翅膀，发表独特、新颖的观点，发展自己的创造性思维。

美国的教师每年都会组织一些校外活动，并将这些活动与校内的课程实施紧密联系起来，这可以促进课堂教学效果的提高，开拓学生的视野。教师通常会带领学生进行实地参观、科学考察、动手实践、社会调查等等。

例如，教师有时会把社会课变成"参观课"，带领学生走出学校去了解市政的服务设施，参观地方、州、联邦议会审议提案的过程，以及参加社区改良计划的设计等。可见，美国的中小学课堂教学突破了学校教育环境的时间和空间的限制，实现了课堂与社会的有机结合，这有利于学生从生活中发现问题并学会解决实际问题。

美国的中小学课堂还向学生的家长开放。美国的许多中小学校提倡学生和家长共同参与学习，这给家长提供了与自己的孩子一起学习的机会，有利于增进家长与子女之间的与感情，将课程实施延伸到了家庭和社会。

| 评析与反思 |

一、个性与共性

美国人认为，每个学生都有自己的特点和特殊才能，每个人应有自己发展参照的标准，这个标准就是自己潜力发挥的程度和努力的程度。因此，美国的中小学教育强调个性发展。这是美国中小学教育的最大特点之一。美国的基础教育从学生出发，注重学生个性的自由发展，注重培养学生的批判精神，没有严格的学术标准。

中国的中小学教育恰恰相反，要求学生达到严格的学术标准，注重知识的掌握和继承以及知识体系的建构。因此，中国的学生具有扎实、牢固的知识基础和严谨、谦虚的学习态度，但是许多学生在追求卓越成绩的过程中渐渐迷失了自我，抹杀了自己的个性。中国的教师很少鼓励学生向权威知识挑战，不提倡学生提出与众不同的问题、答案和想法，这就必然会扼杀学生的个性和创造性。

二、个人主义与集体主义

在中小学阶段，美国的教师特别重视学生的表现力、主动性和自信心的培养。他们会帮助学生树立自信心，鼓励学生在某些事情上做出自己的选择，鼓励学生按照自己的兴趣和需要进行独立的学习。因此，他们为学生营造宽松、自由、开放的课堂环境，使学生能够获得自由发展。

而中国的中小学校要求学生遵守纪律、听从教师的统一安排和指导。教师经常采用奖励和惩罚的手段来管理课堂、教化学生。同时，中国的中小学教师几乎完全忽视了学生的自主意识和自信心的培养。他们认为，整齐有序、安静的课堂就是好的课堂。在课堂上，除了教师讲课之外，很少有学生自由发言和提问。他们就是这样悄然地剥夺了学生主动表现和自主探究的机会。纪律严明的课堂在压抑学生好动的天性的同时也扼杀了学生创造的灵性和求知的欲望。

三、杜威的实用主义教育思想和中国的儒家教育思想

实用主义是美国本土文化发展的产物。美国著名教育家杜威将实用主义哲学应用于教育领域，使其对美国的教育产生了深远影响。杜威认为，"教育即生活""思维起源于疑难"，强调重视儿童的兴趣和个性差异。

由此可见，美国中小学课堂的自由开放在很大程度上受了杜威的

实用主义教育思想的影响。

中国的儒家思想长期占据主流地位。"学而优则仕"的儒家教育思想对中国教育的影响可谓根深蒂固。当前，中国正努力进行教育改革，将"应试教育"向"素质教育"转变，但是举步维艰，困难重重。根深蒂固的传统教育观念就是阻碍教育改革的重要因素之一。在"应试教育"的指挥棒下，中国的中小学校追求知识传递的效率，以"灌输"为主要教学方式，把学生当作知识的容器。很多原本带着问题走进教室的"小脑袋"被教育成了没有任何问题的"脑袋"。美国的学生却是学习的知识越多，提出的问题和想法也就越多。这恰恰是值得我们深思的问题。

综上所述，美国中小学课堂的自由开放是受了美国民族的传统文化、价值观和教育哲学理念的深远影响。而美国学生的自主能力、创造力、想象力就是在自由、开放、民主的课堂环境中发展起来的。中美两国的传统文化和价值观的不同是导致中美两国中小学课堂教学出现巨大差异的重要原因之一。

中国需要向西方教育借鉴，取长补短，但更需要对现行的基础教育不断进行反思与批判。只有通过比较和分析，我们才能找出自身的缺陷和弊端，从而"对症下药"。

（王明华，北京市中加学校）

美国的一间专用教室的无声教育

视　点

时下，在我国的中小学校里流行着这样一句话："让学校的每一面墙壁都说话。"美国的这一间专用教室真正做到了让每一面墙壁都说话，它时刻对学生进行着无声教育。

| 现象回放 |

参观美国的皮特纳小学时，我们看到了这样一间教室。

这间教室看起来很普通，比一般的教室要小一点。这间教室有两道门，其中一道门的旁边放了两张拼在一起的课桌，上面铺着桌布，放了一些精致的茶点，供我们在参观时品尝。校长说平时也会放上一些茶点，供老师奖励学生时使用。

听校长说，这个教室除了用于会客迎宾之外，主要用于辅导优秀学生（该学校将优秀学生称为天才学生）。该校每个年级都有一个天才精英班，由学校根据一定的标准从每个班级中选拔两三名学生组成。学校安排了专门的教师每周为他们上一节课，每个学期都要对班级结构进行调整，个别不适应的学生会被淘汰。

我们发现这个教室的墙上、放东西的橱柜门上，甚至教室的天花板上都贴满了各种语录和图片，它们有的鼓励学生积极思考，大胆提问，有的给学生提供发现问题、解决问题的方法……这些语录和图片都非常醒目。

另外，教室里还有几台电脑、一台打印机、一排书柜和一些文具。

评析与反思

　　仔细观察这间教室之后，我有这样一种强烈的感觉：这不光是一间教室，还是一个简易的工作坊、小型的资料库、轻松的游乐园。

　　其实，这是这所学校的天才精英班教室。教室里张贴的那些语录和图片能够对学生起到潜移默化的影响。

　　著名的教育家苏霍姆林斯基说："我们的教育应当使每一堵墙都说话。"健康优美的校园环境就像一部内容丰富的教科书，时时陶冶学生的情操，美化学生的心灵，激发学生的灵感，启迪学生的智慧。

（周步新，浙江省宁波市江北区中心小学特级教师）

"环保记事本"中的德国绿色教育理念

视　点

　　德国是世界上最重视环保的国家之一。德国人对孩子的环保教育早在孩子刚刚进小学时就开始了，并将环保教育卓有成效地渗透到孩子的整个童年期。

▌ 现象回放 ▌

　　德国的小学一年级学生入学时，会领到一册封皮为绿色的"绿色记事本"，它看上去有点特别。老师告诉学生，这不是一本练习本，也不是一般的日记本，更不是普通画册。

　　"绿色记事本"的封面上印有森林、草原和田野，呈现出一片翠绿，就像常见的德国高速公路两旁的风景一样。老师还告诉学生，"绿色记事本"是用再生纸制成的，原料是废纸，因此不会耗费木材——这意味着不必砍伐宝贵的森林。

　　在扉页之后的每一页的左上角，都印有精美的风景图片：庄严的雪山，静静的河流，神秘的月夜，飞奔的鹿群……编者的用意十分明显：教育孩子们热爱大自然，热爱我们优美的环境以及周围的每一个生灵。

　　下面是一位名叫科特的学生在"绿色记事本"上记下的一周"大事"：

　　星期一　听老师说珍稀动物灰鹤濒临灭绝，我把1马克零用钱捐了出来。

星期二　睡觉时我忘记了关灯，我真不应该这样浪费电。

星期三　今天上图画课时，我因不满意自己的画先后撕了 3 张白纸。老师说造纸需耗费大量的木材和水，听了之后我感到很惭愧。

星期四　妈妈为洗两件内衣就开了洗衣机，我告诉她这很浪费水和电。让我很高兴的是，妈妈答应我以后一定要等到衣服积多了才使用洗衣机。

星期五　哥哥要去赛车，他也知道汽车会排放出有毒废气。我向他提出了一个建议：赛车手每年多种 20 棵树。

星期六　爸爸本打算开车去超市购物，我说还是乘公共汽车去比较好。他觉得有道理，就照办了。这既节省了汽油又减少了废气的排放，真是一举两得。

星期日　我扔垃圾时，发现没有给垃圾分好类。于是我不顾臭味，把它们仔细分好类后才放进垃圾箱。

老师向全班同学朗读了科特的"环保日记"，还说所有的小朋友都写得不错，要求大家在课后互相传阅。科特刚开始有点洋洋得意，但看了其他小朋友的"环保日记"后，便再也不敢骄傲了。他还真诚地对老师说，他的邻桌当娜比自己更聪明，因为她成功地设计出一种可节约三分之一能源的煮鸡蛋的新方法：煮鸡蛋时，待水一开即切断电源，用余热把鸡蛋煮熟。现在全班同学煮鸡蛋时都采用"当娜煮蛋法"，一些老师在做了试验之后也说这是个节约电的好方法。而另一名叫费格的小朋友更是别出心裁地设计了"环保收支簿"：他与父母亲经过一番商量讨论，制定了每周用电量和用水量的限额，要是这一周超了，下一周便必须节约以作"补偿"。他在"环保收支簿"里写道："本周已超额用电 28 度，因此，我和弟弟保证下周只有 3 天会收看电视并停止玩电子游戏。"费格如此严于律己，着实让大人们佩服！

| 评析与反思 |

如今，德国的环保教育初见成效，越来越多的中小学生正以自己的行动去换取蓝天、绿地和清水。

值得一提的是，德国人对小孩进行环保教育时非常注重务实。他们并不是只讲大道理，而是要求孩子从自己做起，从日常生活中的小事做起，从而形成环保意识，进而养成可贵的环保习惯。德国小学生的"环保日记"里既有诚恳的自我批评，又有新发现和新体会，甚至还有对大人的监督。孩子这么小就拥有如此强烈的"环保心"，真令人佩服！

　　环保教育应该从小就开始。目前，我国大多数师生的环保意识还非常淡薄，获取环保知识的渠道也很有限。中国的环保教育的确有待加强。

　　　　　　　　　　　　　　　　　（李忠东，江西省赣县中学）

美国的理财教育

视　点

美国是世界上最富有的国家之一，可美国的孩子花起钱来，却不像有些中国孩子那样大方、随意。他们对"钱"的理解比中国的孩子深刻得多，这得益于美国家庭和学校的理财教育。

现象回放

在美国，父母在孩子3岁时就开始对其进行理财教育，并且制定了少儿理财教育目标：3岁时能够辨认硬币和美元纸币；4岁时知道每枚硬币是多少美分，并认识到无法把商品买光，因此必须作出选择；5岁时知道基本硬币的等价物，知道钱是怎么来的；7岁时能够将数目不大的钱找零，能够数大量硬币；8岁时知道可以通过做额外工作赚钱，知道把钱存到储蓄账户里；9岁时能够制定简单的一周开销计划，购物时知道比较价格；10岁时懂得每周节省一点钱，以备大笔开销使用；11岁时懂得从电视广告中发现事实；12岁能够制定并执行两周开支计划，懂得正确使用银行业务中的术语。

美国人认为，在竞争激烈的当今社会，理财教育对孩子非常有益。"教孩子学会使用钱"是美国家庭教育的一个重要方面。

其一，教孩子如何使用钱。在美国，许多家长都把教孩子如何使用钱作为必修的一课。家长通过教育孩子使用零花钱，让孩子学会预算、节约和作出消费决定等。同时，家长尽可能地将孩子的零花钱数额控制在一定的范围内。至于零花钱的使用，则由孩子全权负责，家长不直接干预。一旦孩子的零花钱使用不当，家长则要求孩子反思，要孩子懂得过度消费所带来的严重后果，从而使孩子学会对自己的消费行为负责。因此，美国的许多孩子都养成了不随便用钱的良好习惯。

其二，教孩子如何挣钱。美国的家长一般都鼓励孩子利用业余时间去挣零花钱。他们这样做是为了让孩子认识到挣钱得靠自己，让孩子履行应负的责任，而不是做一个单纯的享受者。同时，孩子通过挣零花钱可以锻炼能力，增强自信心。

其三，教孩子如何存钱。美国的家长还教育孩子如何存钱，让孩子懂得珍视自己的劳动所得，不乱花一分钱。一些家长通过减少给孩子买昂贵物品来促使孩子存钱。他们会告诉孩子这样的道理：一个人如果想将来拥有更有价值的东西，现在就不得不放弃一些价值不大的东西；学会存钱就是学会节约，学会珍视自己的劳动所得。

其四，教孩子如何制定开支计划。美国的许多家长非常注重培养孩子的生活能力。为了让孩子具备合理安排未来生活的能力，一些美国家庭对孩子进行了相关训练，让孩子为自己的电话费、交通费以及一部分家庭开支付账。孩子长大后，家长会常常翻开账本，告诉孩子家中的钱是怎么花的，以帮助孩子了解如何掌管家庭"财政"开支，让孩子从中获取理财常识和生活知识。

| 评析与反思 |

在我国，基本上都是父母给孩子钱，孩子拿着钱享用。人活着需要消费，因此也就离不开钱。从某种意义上说，懂得了如何使用钱就懂得了如何生活。由此看来，美国的理财教育是十分有必要的，值得我们借鉴。

（操乐发，安徽省怀宁县高河镇初级中学）

挪威的"多元文化"教育

视 点

挪威倡导"不分地域、性别、民族、社会背景的同等教育"。他们非常注重发展艺术教育、学生自我教育和快乐教育。

挪威率先在中学实行国外学生与本地学生混合编班的"多元文化"教育新方式。挪威的学生普遍健康快乐，而且注重全面发展。

| 现象回放 |

清晨，我走进挪威奥斯陆中学的一间教室。这里正在上生物课。老师很高兴，让所有学生鼓掌欢迎我，并笑着询问我是否愿意接受一项由他和他的学生负责调查的关于人类基因图谱的现场试验。

刚开始我心里一惊，不知道这位挪威老师搞什么名堂，也不愿意参加什么现场试验。这位挪威老师似乎看出了我的犹豫，非常温和地说，他们已经调查了几千名外国人，但还缺中国人的基因图谱。他给了我一张试纸，示意我用嘴巴抿一下。

教室里有很多国家的学生，从装束和肤色就能看出来。有一个裹着面纱的中东女生安静地坐在角落里，还有一个皮肤黝黑的非洲籍学生冲我微笑，更让我惊喜的是有七八个来自上海的中学生也在这里留学，他们都特别高兴，跟我说，在这里学习比在国内学习要快乐得多。

这位挪威老师告诉我，他们国家的政策是尽可能为外国留学生提供方便，以吸引外国学生到挪威留学。目前，挪威的留学生人数达到了总学生数的25%。如此高的留学生比例在全世界是绝无仅有的。挪威的中学变成了"小小联合国"。

听课时我发现，外国学生和挪威的本地学生一样专注，还不时地和本地学生一起讨论，完全融入了挪威的课堂教学中。上课时，老师通常使用挪威语，有时也会用英语，课堂交流基本没有障碍。

评析与反思

挪威的中学大规模引进世界各国学生，开展"多元文化"教育，其做法非常超前，甚至是超国家、超民族、超价值观的，是真正意义上的"胸怀祖国、放眼世界"。在翻阅挪威的最新课本时我发现，课文中出现频率最高的关键词是"人类"和"多元文化"。

正如挪威的教育所提倡的，"教育要为不同身份的人员和不同文化的群体之间的合作提供培训"，"在教育和提倡民族传统与地方特色以便保持独立性的同时迎接其他文化，享受人类文明的多样化并从差异中取长补短"。显然，挪威的教育是一种超前的"多元文化"教育，目的是开阔挪威青少年的视野，使他们了解异域文化。

挪威在教育方面有许多做法已经超越了中国。他们的学校不仅注重以学生为本的人文教育，提倡学生自理、自主，崇尚师生和谐，而且广泛吸收国外学生，大力开展"多元文化"教育。这值得我们分析和研究。

特别值得一提的是，挪威三十多年以来坚持每年花巨资邀请数万名国外中学生到挪威参加中学生足球比赛。从表面上看，挪威这么做明显会吃亏，但是挪威的学校、教育机构以及政府部门都乐此不疲。这种国际化、人性化、多元化的教育确实值得我们借鉴。

对比超前的挪威的教育，我们发现中国的教育拘泥于传统文化。我们热衷的新课程改革，其大多内容就是关于传统的课程结构变动和知识模块变革，缺乏"多元文化"教育的战略思考。中国的教育需要不断反思，并在反思中前行。

（靳忠良，中国人民大学附属中学特级教师）

注意实践体验的澳大利亚德育

视 点

澳大利亚的学校德育有显著特点。他们尊重每一个学生，视每一个鲜活的生命个体为人类宝贵财富；目标定位因人而异，不攀高求全；教育内容联系学生已有的生活经验；教育方法强调社会的整体联动，强调成人世界的行为引领，强调学生的自主参与和实践体验。这些都是值得学习和借鉴的宝贵经验。

▎现象回放▎

澳大利亚的小学一般开设七八门功课，有英语、数学、艺术、健康、社会科学等，其中社会科学课与我们国内的品德课类似。在教学过程中，老师往往不给主导意见，而由学生自己去寻找答案。

有一次，老师给每一个学生发了分别标有 A、B、C、D 的四瓶水，让学生回家后自己品尝，然后找出最好喝的那瓶水，并猜一猜这些水分别从什么地方采集而来。这项任务对学生来说既新鲜，又颇具挑战性。于是，孩子让全家人都来尝水，并分别发表自己的见解。在这个过程中，学生懂得了水是生命之源，人人都应节约水资源的道理，并了解到澳大利亚属于缺水的国家，最甘甜的水来自国外。孩子们还将大家尝水、议水的情景用相机拍下来，做成展板，并写上自己的研究结论，然后带到学校去。接下来，老师进行评奖，晚上还要召开一个颁奖会。颁奖会很有趣，由家长领着孩子来参加，每人只要象征性地交一澳元，便可以在学校用餐。颁奖会由热心的家长主持，获奖的人数很多，孩子们不仅能拿到证书，还能得到电子秤、毛绒玩具等奖品。

位于弗雷泽岛的一所私立小学的老师，每周至少会花一个下午的时间领着学生到学校附近的教堂去参加活动。首先是全体肃立齐唱澳大利亚国歌。唱完国歌之后，孩子们纷纷登场，为同伴、老师和亲人祝福和祈祷，"我希望同学们丢掉烦恼，快乐每一天"、"我为妈妈的健康、幸福和快乐而祈祷"等温馨的话语在教堂的上空飘荡着。最后是大家一起念圣经、唱歌，老师用吉他为大家伴奏。在美妙的歌声中，大家的情感得到了共鸣，心灵得到了净化。

评析与反思

澳大利亚的老师强调学生的自主参与和实践体验，这有利于达成德育和智育目标。不难看出，潜在的爱国主义教育、生态教育、自主教育都在这里得到了完美的结合。如此自然得体的教育策略非常值得我们学习。

中国有句古语："智者乐水，仁者乐山。"澳大利亚的老师似乎更清楚乐山乐水对孩子的社会化和德性生成的影响。澳大利亚的小学一年级学生必须独自在学校的图书馆过一夜；小学高年级学生必须在野外搭帐篷住几宿；初中生必须到其他城市甚至到国外去开眼界、长见识。

相比之下，我国的学校德育比较缺失，而且忽视学生的自主参与和实践体验。我们应该从澳大利亚的学校德育中获取一些有益的启示。

（吴立宏，江苏省江都市实验小学特级教师；赵公明，江苏省江都市教育局教科室特级教师）

澳大利亚的绿色教育

视 点

澳大利亚倡导绿色教育。在澳大利亚的学校里，可以看到自然成长、未经人工修剪和移植的绿色植物，不仅如此，澳大利亚的学校还注重开展绿色的教育活动，实行绿色的考试制度。

现象回放

三义路德学院是澳大利亚昆士兰省受教会支持的一所著名的私立学校。整个学校就像一个绿色的庄园，校园里有很多绿色的树和草地，而且学校的墙壁、校徽以及各种设施、设备均以绿色为主，就连学生的服装也以绿色为主，女生穿绿色的裙子，男生穿绿色的裤子，还搭配了绿色的帽子、领带或领结，甚至绿色的书包，他们就像绿色的小精灵，而老师就像园丁。据该校的校长介绍，绿色是他们学校的基本色，象征生命，也有保护大自然、保护环境的寓意。

我还去了圣保罗文法学校。该校的教室旁边有"小森林"，里面有各种小草和花，还有绿色的葛藤和不同品种的小树。一下课学生就去欣赏"小森林"里的植物花卉，非常惬意。"小森林"与教室只有一墙之隔，既可以美化环境，又可以调节气候，真是一举多得的绿色创意。

澳大利亚的老师说，他们希望学生们能够在绿色的自然环境中学习和生活。可惜在当今中国的学校里，这样的"小森林"实在是太罕见了。

澳大利亚的老师和学生都非常注重保护自然环境，人人都爱惜学校里的一草一木。在澳大利亚的五所学校里，我没有看到任何人乱扔垃圾，到处都干干净净。我细心地观察了他们的餐厅，发现所有人都使用不锈钢的盘子和刀叉，没有任何人使用由白色的塑料泡沫制作而成的一次性餐盒。

让我印象深刻的是，我所见到的澳大利亚的老师和学生没有一个人抽烟——包括校长和来宾，全校没有一个烟头、一点烟味和一个烟灰缸，甚至没有一条禁止抽烟的警示语。由此看来，不吸烟在这里已经成为了一种约定俗成的生活习惯。澳大利亚的老师说，为了让青少年健康成长，澳大利亚禁止所有人在任何公共场所吸烟，澳大利亚正向无烟国迈进。

澳大利亚的学校里有许多小动物，但是没有任何学生追打它们。澳大利亚人爱护动物在世界范围内闻名。澳大利亚的学生非常快乐。"任何人都没有权力剥夺小孩子的快乐"，这是澳大利亚基础教育的基本理念。他们提倡"宽松自由"的教育，特别看重学生在学校里是否快乐。可以说，这种绿色教育是成功的，它给学生提供了一个宽松的环境，让学生与自然亲密接触，并培养了学生的爱心、同情心和环保意识。

很多人说，不留痕迹的教育是最好的教育。一天下午，我来到海滩，由于当天是中国的除夕，我特别思念自己的家乡。当我陷入沉思时，两个澳大利亚中学生突然迎面走过来，其中一个用手摸了摸我的脸。当时我很惊讶，还有些气愤，心想："你是谁呀？我又不认识你，凭什么摸我的脸？"但我听他说话后，便马上转怒为喜了。他说："不要太伤心，笑一笑吧。"这完全是一种友好和热情的表示。听他这么一说，我的心也变得不那么孤寂了。

又过了一会儿，海边又来了八九个中学生，有男有女，径直向大海里走去。当海水没到脚面时，那几个女孩子干脆退回到岸边，脱掉上衣后游进海水中。我不禁感叹澳大利亚学生的自然、天真。他们像童话世界里的孩子，温和、不设防。澳大利亚的学生不仅能与自然和谐相处，男生和女生也能够那么自然、大方、友好地相处，我们不得不惊叹澳大利亚绿色教育的功效。

除此之外，澳大利亚的学校还配备了许多绿色教学设备。

在中学实验室里，我发现了一种在澳大利亚使用非常普遍，而在其他国家却很难见到的特殊仪器。它看起来像一个很普通的不锈钢洗手盆，两侧却各带一个喷水管，旁边贴着使用图示说明。原来这是一个可以瞬间从两侧喷水的洗眼睛的仪器，水从下向上交叉喷射，开关在仪器的底部。在做实验的过程中，常常会发生有害物体不小心溅到脸上或眼睛里的事故，这时需要快速清洗脸部或眼睛。如果等到洗干净手再去清洗脸部或眼睛，很可能会延误救治，甚至发生危险。而这种具有两面喷水功能的特殊的洗手盆就是为此而设计的，这充分体现了学校对师生的关爱和保护。

除了配备绿色教学设备之外，澳大利亚的学校还制定了世界上绝无仅有的绿色招生政策。

以前我只知道，要想考上好学校，学习成绩一定要好。可是澳大利亚的老师却认真而严肃地告诉我，目前他们并不一定录取那些考试成绩最优的学生，特别是高分的华裔学生，因为无法断定他们是否真的优秀。

刚开始我很反感这个提法，但是经过详细了解，我甚至觉得这个做法对华裔学生来说是一种警示。

原来，澳大利亚的学校发现中国的孩子太会考试了，他们一旦被录取就很可能会对其他学生构成压力和威胁，使平时不擅长考试的学生失去信心。他们认为，中国的孩子并不是全优生，特别是在人际交往方面有许多欠缺，仅仅是擅长考试而已。实行这种招生政策的目的就是要提倡和谐教育，让学校教育不只是为少数考高分的学生服务。

为了更全面地了解澳大利亚的教育状况，我专门拜会了澳大利亚专管教育工作的市长。他亲口对我说，学生不要以为自己可以凭高分进入好学校，他们需要兴趣广泛、全面发展的学生。

因此，澳大利亚的中学非常注重开展"绿色校园文化活动"。我们所考察的学校都有供学生演出的舞台，也都开设有戏剧课程，校园里的艺术装饰比比皆是。三义路德学院更是不惜花上百万美元购买名画来装饰学校艺术教室的走廊墙壁，让人有在名画中行走的感觉。澳大利亚的老师自豪地说："我们认为用来装饰的世界级名画不只是摆设，它主要是用来传递文化、营造文化氛围的。"

在悉尼蓝山中学，我看到图书馆、办公室里也悬挂了许多漂亮的绘画。教室里还悬挂有著名科学家的画像，并且教室是用这些科学家的名字命名的，例如居里夫人教室、门捷列夫教室等。

我还听了一堂澳大利亚的老师讲授的"绿色课"。

众所周知，有些大牌歌星常常采用"不插电"的方式演唱，这样可以让观众欣赏到真正的艺术，同时可以显示自己的高超实力。澳大利亚的老师则把这种没有光电污染的课称作"绿色课程"。老师不用任何电教手段，包括幻灯片、投影仪、音响设备等，只是与学生面对面地口授心传。而目前在中国，如果老师这么做，估计学生给老师评分时，就会在专门列出的"上课使用现代化教学手段"这一项给出非常不好看的成绩。

课后，这位"不插电"的澳大利亚教师告诉我，老师和学生面对面地交流、在一问一答中进行教学的课才是真正的好课。长期生活在幻灯片里，学生的奇思异想就会淹没在没血没肉的电脑传出来的信息海洋之中。

| 评析与反思 |

与以中国为代表的传统的知识灌输式的东方教育相比，澳大利亚的教育似乎更温和、更人情、更注重学生的个性发展，他们甚至尝试着实行回归自然的"放养式"教育。

我永远也不会忘记在澳大利亚街头看到的这样一个场景：一群光着屁股和膀子的孩子无忧无虑地在街头尽情地玩喷水，特别是一个刚刚学走路、还站立不稳的小孩居然也在水中玩耍。整整一个多小时，没有任何一个家长责备孩子，相反，所有的大人包括素不相识的过路人都热情地叫好，给孩子们鼓励和支持。

也就在那一瞬间，我似乎真正找到了澳大利亚的教育与中国的教育的不同之处。他们重视绿色的生活体验，重视孩子的个性发展，把孩子当成自然界最天然的一分子，让他们与大自然融为一体，在自然中锻炼、在生活中成长。

"绿色、自然、环保、生态"是当今社会发展的一大主题。澳大利亚的学校里到处都是绿色的植物，甚至校园设施、学生的服装也以绿色为主。这是一种真正的以人为本的教育，是真正实现可持续性发展的教育。澳大利亚也是目前世界上成功地实施绿色教育的少数几个国家之一。

澳大利亚的教育与以美国为代表的西方教育不同，与以中国为代表的东方教育也不相同，它似乎更加注重绿色、环保和自然生态教育。澳大利亚虽然只有百余年历史，但是已经拥有多位诺贝尔奖获得者。澳大利亚注重绿色教育、不招高分学生等举措引起了全世界的关注。

绿色教育的本质就是在学校教育中融入可持续发展教育理念，包括提供有利于学生可持续发展的环境及教育教学。绿色教育以人为本，关注学生的变化与成长，重视建设绿色生态环境，真正实现了教育的可持续发展。

澳大利亚的老师采取的"不插电"的教学方法是一种返璞归真的绿色教学方法。在现代化教学手段普遍应用于课堂教学的今天，仍然坚持这种近乎原始的教学方法需要很大的胆量，也承担着很大的风险。但是澳大利亚的老师用实际行动向我们说明，手段终究只是手段，教育效果才是评定教学方法好坏的标准。

俗话说："有心栽花花不开，无心插柳柳成荫。"以前，我一直非常关注欧美国家的教育，希望从中得到借鉴，却没有关注澳大利亚的教育。此次澳洲之行，让我发现了世界上还有一块不受现代科技束缚的绿洲。

采取现代化教学手段可以为学生快速提供大量信息，但是也不可避免地会导致师生之间缺乏交流。现代化教学手段"千篇一律"，缺少活力，会压制、淹没师生之间的互动交流。

什么是真正的教育？真正的教育是能触动人的心灵深处的。我觉得绿色教育是真正的教育。构建绿色环境、不录取只会考高分的学生、采取"不插电"的授课方式等都是绿色教育的重要体现。

从澳大利亚的学校实施的绿色教育中，从澳大利亚能够完好地保存众多珍稀的绿色植物和动物的现实中，我们可以真切地感受到，这个国家非常注重可持续发展。

（靳忠良，中国人民大学附属中学特级教师）

俄罗斯的红色经典教育

视 点

这是一个信息化、多元化的时代。当别的国家的中学生关注卡通、电子游戏、街舞、流行音乐等五光十色的时尚因素的时候，俄罗斯的学生却穿着褪了色的军装，戴着贝雷帽和红十字头巾，他们在深情地表演，在热情地传唱着那激扬、雄劲的红军歌曲，表情质朴而专注……

红色经典教育似乎是俄罗斯学校的必修课。俄罗斯人似乎热切而诚挚地要将战争年代的红色传统代代相传。

现象回放

考察了莫斯科的一所学校之后，我有一种来自心灵的感动。这所学校的名字叫"莫斯科1948学校"。

在校园里，我遇到了两名满头白发、胸前挂满各式各样的勋章的红军老兵，他们个子不高，慈祥而亲切。学生簇拥在他们周围，争先恐后地与他们交谈。翻译告诉我，这两位老兵是战争英雄。每年解放日前后，他们都要到学校或其他单位出席各种各样的纪念活动或座谈会。两位老兵说，当天他们已经出席了两所学校的座谈会。红军老战士在每年的四五月到中小学校宣讲革命传统已经成为了惯例。

我是第一次如此近距离地看胸前戴满勋章的前苏联老红军战士，因此心情十分激动。他们佩戴的勋章有方形的、圆形的、五角形的，还有镰刀、斧头、红旗、枪等各种形状的，都显得十分沉重和陈旧，一眼就能看出是重金属制作的。望着这些勋章，我的眼前出现了英勇的前苏联红军奋力拼杀的战争场面。我还想到了浴血奋战的中国老兵。而令我疑惑的是，这么多年来我从来没有近距离地见到胸前戴满勋章的中国老兵。

在这个学校，除了参加有红军老战士出席的座谈会之外，我还幸运地观看了学校组织的红军歌曲演唱会。演唱会在学校礼堂举行。礼堂很精致，看上去像专业的歌剧院，有上下两层观众席，大约有七百个座位。当天礼堂里坐满了学生。

开场的演出出乎我的意料，20多名身穿草绿色旧式军装、头戴船形帽的学生依次上台，其中8名女生的左臂戴着红十字袖标，一看就知道是卫生兵。一个穿着绿色军装的学生用钢琴伴奏，两个戴贝雷帽的学生领唱，其他人边唱边跟着节拍模仿战士行进的样子并不断变换队形。表演者神情严肃，歌声雄壮有力，一下子就把观众带进了烽火硝烟的战争年代。

谢苗诺娃校长告诉我们，学生们演唱的全是前苏联人民反击法西斯那个年代的红军歌曲。每年5月份，也就是俄罗斯卫国战争胜利纪念日前后，该校都要组织好几场这样的红军歌曲演唱会，每个班的学生都要参加演出，主题都是红色经典。

几个合唱节目之后，是一个歌剧节目。

一个高高瘦瘦、穿着俄罗斯水手横条衫的男青年马上就要上前线了。他和一个手提花篮的姑娘在对唱。姑娘腰间系着具有俄罗斯传统风格的彩条围裙，正在做饭的她来不及解下围裙就赶来送别男青年。男青年深情地与姑娘拥抱并挥手告别。我似乎突然听懂了俄语歌词的意思："这时没有眼泪，莫斯科不相信眼泪。这里只有昂扬，现代俄罗斯青年笑对战争……"

在场的师生都对这首送军人上前线的爱国歌曲非常熟悉。不少女孩子和着节拍一同歌唱，她们的眼中含着激动的泪水。观众的情绪明显高涨，鼓掌时间长达两分多钟。

我也非常感动。两位表演者还只是中学生呀！他们演得太逼真、太深情、太动人了，没有一丝一毫的做作和敷衍！台下也没有学生起哄或发出怪声。这不得不令人感叹于俄罗斯中学生的良好素质。如果要国内的中学生表演恋人之间的情愫和不舍，要他们做到落落大方、自然而得体，恐怕不是一件容易的事！

整场演出持续了一个半小时，师生们都沉浸在浓浓的爱国热情之中，没有一个演员和观众松懈。虽然曲目全是传统的红军老歌，但他们是那样投入、痴迷，可以看出他们对这些革命传统歌曲的喜爱是发自内心的。

评析与反思

现在中国的很多学生喜欢韩文歌或日文歌，甚至有些人疯狂地追随、模仿连说连带蹦的说唱艺术。俄罗斯的青少年却依然有着浓厚而真挚的红军传统歌曲情结，他们传唱的是雄浑有力、激扬感人的红色旋律。

俄罗斯是目前世界上绝无仅有的坚持红色传统教育的国家。这也是俄罗斯的学校团结发展的秘诀。俄罗斯的经济形势也许不被人们看好，但是他们的红色教育让人不得不佩服。他们的红色教育可以鼓舞学生的士气，提升学生的民族感情。

他们进行红色经典教育的方法也与众不同。

首先，他们采用主旋律"阵地战"的方法，坚持举办专场演唱会，要求各年级的学生分别采用不同的方式方法表达感情。不管社会的新近潮流是什么，红色主旋律演唱始终不变。

其次，他们坚持红色榜样激励法。不管现在学生如何看待历史和战争，学校年年都请戴满勋章的红军老战士到校园作报告。学校这么做不仅仅是一种姿态，更是一种决心、一种引导。它传递出这样的信息：俄罗斯有勇敢的军队，是打不垮的国家，我们必须将民族精神世代相传。

从俄罗斯学生激扬、深情的表演中，我们可以清晰地看到，红色经典教育确实发挥了作用，它巩固了学生心灵深处的红色经典情结。

在全球化思潮迅猛发展的今天，许多国家早就不用红色经典教育方法了，但俄罗斯的学校依然坚持用红军精神影响他们的下一代，也正因如此，俄罗斯的红色经典教育才更显珍贵，更值得称赞和研究。相信红色经典教育对未来的教育改革具有不可替代的引领作用。

在今天，坚持红色经典教育也许不被一些人看好，但是过些年后，甚至当再次发生战争的时候，人们就会发现那深深植入青少年学生心灵之中的红色经典的真正精神力量。

（靳忠良，中国人民大学附属中学特级教师）

澳大利亚教育的别样风采

视　点

从外部环境到教育氛围，从教育内容到考试评价，澳大利亚的教育具有别样的风采。澳大利亚的教育给我们带来了很多思考。

‖ 现象回放一 ‖

别样的外部环境

在所考察的几所学校中，我们注意到了一个共同现象：这些学校都没有牢固、结实的大门，更没有我们想象中的那样豪华和气派。学校的教室很简易、普通，而且教学楼都只有一层。每个学校如同中国的农家院落，都有一扇简单得如铁栅栏一般的校门，低矮的银灰色教室乍一看有些像国内建筑工地上的工棚。陪同访问的澳方人士说，用纳税人的钱是要讲究节约的，虽然政府为学校提供设施，但学校也没有铺张浪费的必要，如果学生的数量大量减少，政府还会收回这些设施。

走进校园可以发现，每一面墙上几乎都贴满了孩子们的作品。与国内整洁的教室相比，澳大利亚的教室略显凌乱。每一面墙壁都被装饰得丰富多彩，有些墙上贴着学生们创作的美术作品，有些墙上挂着手工制品。学生们甚至还把不用的 CD 光盘盒摆成各式各样的形状，放在教室的角落里……教室里到处摆放着学生的作品、学生为学校和班级争得的各种荣誉、关于学生独特想法的介绍、关于教师的特长或作品的介绍等。教室里还有学具、教具和图书，学生可以自由使用和阅读。师生还可以自由使用电脑、录音机、打印机和幻灯机。

| 评析与反思 |

虽然澳大利亚公立学校的办学经费来源于政府，但他们没把资金用在"外包装"上。澳大利亚的学校简朴实在，资源利用合理，每一处房舍都物尽其用。学校的图书馆不大，藏书也不多，但利用得很好。学生可以在里面上课，这样的话有疑问时可随时查阅。老师也可以在图书馆里备课。餐厅集用餐之地与小型集会场所于一体。不大的水泥操场上画满了密密麻麻的游戏图案。他们对室内外空间的利用可谓到了极致。而我们为追求所谓的硬件达标，让多少专用教室闲置一旁！我们常常把大量的资金用于"外包装"、用于"面子工程"：气派的校门，豪华的装饰，精致的花园假山……浪费之极！让我们特别吃惊的是，澳大利亚的一所中学将礼堂定期出租给社区，并适当地收费，将其作为维修的资金补贴。在这样一个富庶的国度，竟然有如此勤俭之举，这给我们带来了极大的震撼。

澳大利亚学校的墙壁几乎没有"空白"，而是被学生的作品所占满，没有在中国的学校里常见的标语和宣传画。这里见不到诸如"为了一切孩子，为了孩子的一切"、"再穷也不能穷教育，再苦也不能苦孩子"之类的写给领导看的空话、大话。这也许就是真正从孩子的实际需要出发的西方务实的作风吧。

澳大利亚的学校给学生提供了自学和自由创造的空间，倡导个性化教育。这从学校的环境布置中就可以看出，环境布置看似凌乱，实则为学生提供展示自我的舞台，为师生的交流和互动创造条件，为组织丰富多彩的教学活动提供便利，从而使实施个别化教育成为可能。这独特的环境布置充满生机和个性。澳大利亚人的自由、自在、自然、包容的个性不正是源于这样的教育吗？尊重个性，和而不同方为和谐。当"个性"、"和谐"被我们当作口号震天动地地宣扬时，别人已经实实在在地在做了，当一种理念成为了一种习惯，我们才可能迎来教育的春天。

别样的教育氛围

上课铃响了，孩子们并没有像我们想象的那样一本正经地坐好等老师来上课，而是想怎么坐就怎么坐。一位男教师正在给孩子们上课，正当老师讲得眉飞色舞之时，一个声音响起："I can not understand, would you explain it again?"（我没有弄明白，你可以再解释一遍吗？）仔细一看，原来是一位澳大利亚小朋友正坐在地上叽里呱啦地说着。我心想："他怎么这么随便？"再看看这位老师，他好像一点也不生气，摸着那个孩子的肩膀，不时地点头，又耐心地讲解了一遍。

南奥克雷中学还安排了学生和我们一起参观。在参观途中，校长主动和见到的每一个孩子打招呼，还亲切地抚摸他们的头。孩子们也十分友好地直呼校长的大名。校长说，这是他们的规矩——教师必须主动和孩子们打招呼。在参观的过程中，我们提出和某个漂亮或神气的学生合影，却遭到校长的拒绝，理由是不能只和一个学生合影，这样小组里的其他同学会觉得受冷落。我们还看到一个听力有障碍的孩子和正常的孩子在一起学习，并且学校还专门为他配了一位教师。我们大惑不解，校长解释道，这样便于孩子们之间相互了解，还可以激发孩子的爱心，有助于残疾孩子更好地融入社会。

| 评析与反思 |

我们一直倡导教师要热爱学生，但教师为什么要爱学生，我们从来都是从道德层面来回答的。与那位男教师交流时，我问他为什么对学生那么慈爱、那么亲切。他说："因为有他们才有我的工作，我想要继续我的工作，所以，没理由对他们不好。"说完朝我眨眨眼，一副不太理解的样子。

是啊，我们总强调教师职业是如何伟大，希望老师能神圣地对待它。这种外在的要求加上封建社会师道尊严的残余思想使老师自觉不自觉地给人居高临下之感。老师一旦在实际工作中遇到问题，总想到自己的尊严有没有受到侵犯，随之采取的处理方式大多是以"师道尊严"式的自我为中心的。我们的教师如果能有一颗平常心，能从另一个角度这样思考问题：教师首先是我赖以生存的工作，学生是我的衣食父母抑或我的服务对象，他们的喜怒哀乐直接关乎我的生活，那么就能激发源自内心的情感因素。也只有这种朴素、平常、切乎实际的原动力，才会使教师对学生的关爱和亲切之情更加长久。这位澳大利亚教师略显惊讶的神情让我明白：爱学生是为了更好地爱自己。

我们说素质教育必须随时与每个人亲身的、具体的、反复的体验紧密相连才能深入人心，才能自然地成为其内在的个性品质。置身于这种充满人文关怀的环境中，学生就会把尊重、关怀当成一种常态，长大后也就会很自然地把关爱别人当成一种习惯。从澳大利亚的教育氛围中，我深切地感受到：尊重孩子就是尊重自己，爱的教育无时不在、无处不在。

| 现象回放三 |

别样的教育内容

镜头1：老师正在指导孩子们量澳大利亚地图。量完之后，他们要进行换算，然后亲手绘制一幅大地图。原来，他们是在上数学课，正学习比例的知识。

镜头2：预科班的孩子们正在涂抹一种无味的胶泥。他们在桌子上自由地涂抹，画好了又抹，抹了又画。整个课堂就像在做游戏，孩子们开心地玩着，丝毫没有被强迫的感觉。原来，他们正在学写字母。

镜头3：孩子们正在做试验。他们想了解蚂蚁是否喜爱甜食。孩子们别提有多高兴，边和伙伴们交流边开心地笑着。原来，他们是在上科学课。

镜头4：孩子们在老师的带领下有秩序地走进国会大厦。他们来到国会大厦的会议厅，认真地听老师介绍。原来，这是在上公民实践课。

镜头5：老师带着一群学生来到美丽迷人的植物园。学生们手里拿着纸和笔，他们不时地蹲下来观察，不时地在小本上写着，不时地向老师提问。原来，这是老师在给孩子们上课呢！

评析与反思

澳大利亚的学校以世界为课本。澳大利亚全社会均关注教育。充分利用社会文化资源，不断地得到社会生活源泉的滋润和社会力量的支持，这样的教育才会朝气蓬勃、均衡发展，才会为社会的稳定进步、人民的幸福安康作出应有的贡献。

反观我们的教育，则是以课本为世界。我们的教育内容脱离生活实际，应用性不强。我们的学生是流水线上生产出的模式产品。我们的教育严重忽视了学生的动手能力、思维能力、创造能力的培养。

学习本来是一件快乐的事，然而，我们的教育缺少趣味，我们的学生疲惫而痛苦。这种如苦行僧修炼般的学习方式会不会让我们在发展科学、发展教育的道路上，离世界强者的目标渐行渐远呢？

现象回放四

别样的考试评价

澳大利亚的低年级平时基本没有考试，但三、五、七、九年级有州统测。大学录取新生时，根据学生高中两年的综合成绩和一次全澳等级考试的成绩综合评定。综合成绩根据学生高中两年的期末考试、课外作业、作文和演讲4项的成绩评定。全澳等级考试则是高中生进入大学前唯一的一次统考，重点是考查学生实际运用知识的能力，它既可以是面试，也可以是笔试。学生参加全澳等级考试之后，相关部门根据计算公式换算出大学录取分，并对学生的成绩进行排名，各大学也是根据学生的志愿从高分到低分择优录取。

评析与反思

澳大利亚的大学录取学生的基本依据也是学生的考试成绩，这让我们有些意外。但是，这里的成绩不是一次考试的成绩，而是根据学生高中两年的综合成绩和毕业考试成绩来综合评定的。这样就避免了评定的片面性，突出了学习态度和学习过程的重要性。

毋庸讳言，目前我们对学生的评价还是比较片面甚至不太健康的。高考一卷定了学生的终身。学生的考试成绩也就成了评价学校与教师的最重要的标尺，因此，老师难免会以成绩判定学生的好坏！学习成绩差的学生往往被老师、同学歧视，被家长责骂，他们承受着巨大的心理压力，严重的会形成自卑心理甚至扭曲人格。在这样的环境中长大的孩子，其前景实在令人担忧。

能不能给孩子们松松绑，给老师们松松绑？能不能对学生进行多元化的评价，对老师和学校也进行多元化的评价？无论在哪个时代，普通劳动者都是不可或缺的社会基石，提升人的素质是基础教育的最主要任务。当然，在教育的发展问题上，在对未成年人的培养、教育方面，不思进取和急功近利都极不可取。要求每个学生都成为学习的尖子、社会的栋梁也是不切实际的。从中国与西方发达国家在科学、技术领域的差距不难看出中西方教育的差距。让孩子健康、快乐地成长，有健康的体魄和心灵，有一定的文化和技能，有应变和创造的能力，这对社会、家庭和个人来说可能更加重要。

当然，任何事物都有两面性，澳大利亚的教育也有不足之处。澳大利亚的理科教学比较薄弱。在我们所参观的几所学校里，我们看到六年级的学生还在学习四位数的加减法，这让我们觉得有些不可思议。澳大利亚属高福利国家，人们的生活水平较高，社会保障体系健全，家长没有学费负担，学生的升学、就业压力小，人们过着闲适、平静的生活，这容易让人安于现状。

（吴学莹，江苏省南京市迈皋桥中心小学；陈道佩，江苏省南京市栖霞区教研室）

英国多样化的课堂教学和多元化的教育理念

视 点

课堂教学形式尽可能做到多样化，让学生参与知识的构建，注意提高学生的学习能力，让学生真正做到快乐地学习，以适应终身学习的要求，英国的课堂教学就具有这样的特点。他们注重用多样化的课堂教学来传递多元化的教育理念。

| 现象回放 |

重视实践，培养学生的动手能力

注重教学实践、注重培养学生的动手能力是英国教学的一个显著特点。英国中小学的教室里总是摆满了琳琅满目、各式各样的学具和玩具。学生在课堂上的活动有相当一部分就是在教师的指导下操作这些学具和玩具。物理、化学、生物等课程的教学伴随有大量的演示实验和分组实验，英语、历史、地理、社会、外语等课程的教学则大量借助现代化的视听教学手段。与此同时，学校还常结合教学内容组织学生参观、见习、实习等。例如，老师讲生物知识时会带学生到自然博物馆参观，讲历史知识时会带学生到历史展览馆参观，讲天文知识时会把学生带进天文馆，讲宗教知识时会把学生带进教堂。在课程设置上，英国的中小学十分注重实用性知识和技能训练。例如有一门课叫技术课程，主要的教育目的是培养学生的动手能力，让学生掌握日常生活中必备的技能，如烹饪、家电操作和简单维修等。为配合这门课程的教学，普通中学都设立有实习车间，实习车间装备有各种常用工具、机器和车床，小学还有专门的烹饪教室，各种设备也齐全。由于学校高度重视教育实践，英国中小学生的动手能力普遍较强。

注重培养学生的思维能力和学习能力

英国的中小学生每天上六节课，每节课 40—50 分钟，学生上午 9 点到校，下午 3 点 30 分放学。在课堂上，教师极少搞"满堂灌"、"一言堂"。很多时候教师只提纲挈领地讲透教材的主要内容，通常只用 15—20 分钟，其余时间留给学生自学，由学生自己钻研教材、独立做作业，或与同伴合作完成某一个作品，教师则进行巡回解答和指导。由于学生从入学起就有很多时间在课堂上进行想象、讨论、总结、设计和分析，所以学生发展很全面。在初中的课堂上，我感觉到学生很会动脑筋，思维很活跃，思路很完整，有独立的见解。

在他们的整个教学过程中，可以说是教师围着学生转，课堂教学呈多样化。走进教室，你会看到学生有的在研读课本，有的在跟同学讨论，有的在操作学具，有的在询问教师。尽管课堂秩序看上去不太安静，可是学生们都很专注、投入，而且课堂气氛十分活跃。这种以学生为主的教学方式使学生始终处于开动脑筋、独立思考的状态。在这样的教学过程中，学生不仅获得了知识，更重要的是学会了怎样学习，培养和锻炼了发现知识、探索真理的创造意识和能力。

重视每一门课程，让学生得到全面发展

英国的中小学对美术、音乐、历史、地理等课程很重视。这些课程与数学、物理、化学等课程的地位等同，并且教学内容很多，要求也很高，在升学考试中可以被选作考试学科。比如在美术课上，学生可以根据自己的爱好和特长进行创作，互不干扰，作品可以是铅笔画、蜡笔画、剪纸、服装设计、油画、版画等。只要开设了一门课程，教师就要不折不扣地进行教学，并组织客观而严格的考核，绝对不搞形

式主义。可以有学生不感兴趣的学科和学得不好的学科，但没有学校不重视的学科，只要学生在某一方面有兴趣就一定能获得充分的发展。

寓德育于教学活动中

英国是一个倡导"绅士风度"的国家。这从侧面反映出这个民族较高的文明素养。然而，纵观英国的教育，却很难找出专门的德育课程。英国的德育教育看重生活感染和熏陶。他们的中小学道德教育遵守以下原则：尊重生命、公平、诚实、守信。英国的教育重视让孩子懂得如何处理人与人、人与环境的关系，懂得如何融入社会，成为社会的一分子。"道德是被感染的，不是被教导的"，英国的中小学并不要求孩子死记硬背那些道德准则，而是创造各种机会，让孩子在学习和生活中慢慢地去领悟。

注重教学资源的有效配置

英国的教育非常注重信息技术与学科教学的整合。教师能够充分利用学校现有的信息技术设备和资源，做到物尽其用，不管是计算机、电子交互白板等设备，还是互联网、PowerPoint 等资源或软件，都能在整合过程中发挥应有的作用。同时，信息技术与学科教学的交叉、融合和渗透不再拘泥于课堂教学，其范围也由校内扩展到校外。特别值得一提的是，英国的教师善于借助校外的设施和资源达到理想的教学效果。学生的有效参与是信息技术与课程整合的关键，英国的教师有意把课堂"让"给学生，把工作重点集中在课前准备和随堂指导。

| 评析与反思 |

中英教育存在着一定的差异，但是育人的理念却趋于相同，都是"为了一切孩子"。中国现行的教育突出以学生为教育主体，强调教育的自主性、个性化和社会化，提倡"自主、合作、探究"，强调根据"学业成绩"来评定学生的学习水平和能力，并用"成长记录袋"来记录学生成长的轨迹和思想品质的形成过程。英国的教育则充分体现

了教育的公平性，在他们看来，教育是一种关爱，更是一种呵护与服务。陶行知说："在你的教鞭下有瓦特，有牛顿。"英国的教育强调每一个学生都同等重要，无论参加什么集体活动，就算学生具有生理缺陷，也享有同样的权利。

（汪久佳，江苏省南京市江宁高级中学）

"陶行知式"的德国小学教育

视 点

陶行知的生活教育理论博大精深，利用它不仅可以阐述国内现阶段的新课程改革，也可以注解国外的学校教育。在考察德国小学的过程中，我真切地感受到了陶行知教育理论的根系已鲜活地植入到德国的小学教育中。

| 现象回放一 |

分流教育

随着国际教育改革潮流的到来，德国也实施了教育改革，其中让他们最引以为豪的是"分流教育"。"分流教育"就是在小学生受完四年教育后，由家长根据教师鉴定的成绩把子女送入合适的学校。成绩好的进入文理高等中学，学制为 13 年，毕业考试通过后可直接上综合性大学；成绩中等的进入实科中学，学制为 12 年，毕业后可上专科大学；成绩差的只能进入普通学校，学制为 9 至 10 年，毕业后可上职业技校或直接步入社会。还有一类是综合学校，学校每年都对学生进行一次成绩鉴定，学生可以根据成绩再选择合适的学校。

| 评析与反思 |

这样的分流教育的最大优点就是因材施教。成绩相近的学生在一起学习不会有太大的压力，学起来较为轻松愉快。轻松、平等的氛围

为学校实施因材施教提供了有利条件。陶行知先生强调因材施教，他曾给因材施教以形象的比喻："培养创造力要像园丁一样，首先要认识他们，发现他们的特点，而予以适宜之肥料、水分、太阳光，并须除害虫，这样他们才能欣欣向荣，否则不能免于枯萎。"他还说过："松树和牡丹花需要的肥料不同，你用松树的肥料培养牡丹，牡丹会瘦死；反之，你用牡丹的肥料培养松树，松树受不了，会被烧死。"

德国的分流教育其实就是让会学习的学生在理想的学校里学习，让想工作的学生学习技术后去工作，它也为学习进步很快或有强烈学习愿望的学生提供了可选择的学习机会。

| 现象回放二 |

学生自由支配时间

德国以前实行半日制教学，直至近几年才实行全日制教学，但就其教学内容来看，下午以辅导学生做作业和开展活动为主。在百威州，学生可以自愿参加学校开办的托管班，下午3点结束，也可延迟到下午5点，报名了就必须参加，管理人员有本校教师，也有外聘教师。尽管学生有许多学习科目，但他们在校还是有近三个小时可以自由支配，这为学生的实践活动提供了时间上的保证。学生在搭积木、画图画、操作车床、修整树枝和调配鸡尾酒等活动中发展了兴趣，培养了思维能力和创造能力。学生在为自己的小成就而欢呼雀跃的时候，也为自己的成长和将来的工作奠下了基础。

| 评析与反思 |

此举诚如诺贝尔奖获得者德国科学家格哈德·埃特尔所言："培养广泛的兴趣很重要。"几位与埃特尔共事过的中国科学家谈到他时，不约而同地提到他那美妙的琴声，说聚会时他会为大家弹奏几首钢琴曲。充足的自由支配时间为他兴趣的发展提供了保障。

陶行知说："解放他们的时间，不把他的功课表添满，不逼迫他赶考，不和家长联合起来在功课上夹攻，要给他一些空闲时间消化所学，并学一点他自己渴望学的学问，干一点自己高兴干的事情。"德国的小学就是让学生积极参与属于"现在进行时"的生活，而不是一味地钻进属于"过去完成时"的课本。

| 现象回放三 |

生活化教学

我们去天主教小学考察时，学生自发地站在学校大门口的两旁夹道欢迎我们，他们鼓着掌，口中不停地说着"Welcome"和不太标准的"欢迎"，还唱了一首欢迎歌。歌词大意为：有一群陌生的人来到一个陌生的地方，他们感到很寂寞很孤单……你就是我，我就是你，我们就是一家人。在教室外，一位学生冲着我问"你们是用筷子吃饭的吗"；在操场上，学生对我说"你好"；在课堂上，老师用"梨"作教具，让学生认识梨的外形、颜色和味道……我们的考察给这些学生带来了新奇和快乐，也让他们有了一次与异国朋友交流的学习机会。当我们乘车离开时，有两位学生还追着车跑了好长一段路。透过德国的教育，我们可以看出生活情境对学生的影响之深。

| 评析与反思 |

陶行知先生在《谈生活教育》中阐明了生活教育的内涵："生活教育是给生活以教育，用生活来教育，为生活的向前向上的需要而教育。从生活与教育的关系上说，是生活决定教育。从效力上说，教育要通过生活才能发出力量而成为真正的教育。"在考察中，我们体会到了德国小学的教学以生活为中心，他们将抽象的形式化的教学建立在生动丰富的生活背景中。德国的学生往往采用交流、合作等学习方式来理解、运用学科知识，掌握科学的思维方法，并学会做人的道理，从而提高创造性地解决生活中的实际问题的能力。

教学做合一

德国的教师重视学生动手实践能力的培养，他们会用学生的具有创造性的作品来布置教室。学生将自己的照片制作成多姿多彩的彩旗状的图片并挂于教室中央，有博士状的，有小丑状的，也有卡通状的……教室外面的壁画也别具一格，由学生的不同颜色的手掌印组成，错落有致，意为"我们要用这双手描绘出七彩的生活"。这极具个性的教室布置是教师"教"的结果，也是学生"学"的物化，更是"教学做"的统一，它生动地折射出学生的学习兴趣和追求目标。为了让学生弄清楚一、十、百、千之间的关系，教师和学生一起动手，用串珠的方法，形象地呈现了一、十、百、千之间的数量关系。教室里的壁柜上放的尽是学生的学具：颜料、积木、手工纸、计数器……学生只要有学习的愿望，就可以随手拿学具"做一做"。

评析与反思

陶行知先生说得好："教学做是一件事，不是三件事。我们要在做上教，在做上学。先生拿做来教，乃是真教；学生拿做来学，方是实学。不在做上用功夫，教固不成教，学也不成学。"德国的教师认为，学生的生活圈子比较小，对信息的接收和处理能力有一定的欠缺，还不能把所学的知识运用到实践活动中，于是教师就在"做"上教，促使学生在"做"中学，让学生在掌握知识的同时提高实践操作的技能。

德国的普通教师或许不知道陶行知的教育理论，但其教学行为就像植入了陶行知教育理论的基因。可见，陶行知的教育理论反映了教育规律。

（陈其浩，浙江省慈溪市掌起镇中心小学）

英国学校教育的社会化和生活化

视　点

　　英国学校教育的社会化与生活化特征十分明显，而我国则过于注重单纯的知识教育。毫无疑问，我们可以从英国的学校教育中得到有益的启发。

▏现象回放▕

　　英国的学校倡导教育即生活，生活即教育；学校即社会，社会即学校。学校的建设布局都是家园式的。给人印象最为深刻的是学生的作品、实物图片、模型的展示。学校的整个环境强调色彩温馨明朗，被展示作品的内容要有层次、有价值。学校这么做主要是为了引导学生由好奇转化为关注，由关注转化为探究，由探究转化为理解，由理解转化为掌握，从而真正发挥环境的教育作用。

　　另外，英国学校的所有成员互相尊重、理解、关心与激励；学校为学生营造良好的成长氛围；学校给忘带文具的学生提供文具；学校购买课本，以供学生上课时循环使用；学校为师生准备免费享用的咖啡、甜点和午餐。这些都能很好地说明英国的教育真正做到了以人为本。

　　英国的学校教育主要具有以下特色：

　　第一，课程设置丰富多彩。除核心课程（如英语、数学、科学及一些必修课程）之外，学校为学生设置了几十门选修课程。学生可以根据自己的学习兴趣、能力在一定范围内选择，每位学生都有自己的课程表；不少课程是根据学生的需要来设置的。英国的教育还十分重视学生的职业技能培训，关注学生走上社会之后的生存和发展。从简单的木工到金属加工，从简单的点心制作到食品烹饪等，学校为学生今后的就业、生存提供了很多职业技能培训。

第二，实行分层教学。每个年级都是按学生的能力分班，每门课程都实行"走班制"，即不同层次的学生到相应层次的班级上课。

第三，实行小班化教学。每班不能超过30人，这有利于教师对学生进行个别辅导。

第四，重视个别辅导。每个学校都有专人对学生进行个别辅导。个别辅导是学校教学工作的一项重要内容。许多课堂都配有助理教师，这些助理教师对基础最差的、跟不上教学进度的孩子进行同步的个别指导。英国的教师实施义务教育的认真劲儿真令人肃然起敬。

第五，对每位学生进行个性化指导，比如帮助学生确定学习计划和学习目标等。

第六，对学生进行学习评估，让学生知道自己目前处于什么样的水平，以帮助学生明确发展方向。学生每一方面的成就都被记录进成长档案并受到尊重。在我们所到的每一所学校中，我们看不到"差生"的沮丧神情，每一个孩子的脸上都洋溢着自信的微笑（包括一些残疾孩子）。

评析与反思

相比国内的孩子，英国的孩子更幸福。他们的学习时间短，并且每个孩子在学校里都能平等地享受"家庭式的关爱"。当然，由于课堂容量小，学生的学科知识基础不够扎实。英国的学生没有课本，老师一般只在课堂上发相关的讲义、作业卷和辅助材料，更多的知识需要学生在课后通过自学来获得。他们可以通过上网，参观图书馆、博物馆以及其他具有教育功能的公共设施，参与社会实践活动来获取更广泛、与生活联系更紧密、更有用的知识。

英国教师的知识面比较宽。小学教师大多是本科学历，拥有较专业的学科知识，以适应包揽某个班级几乎所有学科教学任务的要求。在英国，教师一天到晚就在和孩子打交道，这样可以更全面地了解和评价学生，师生关系也比较融洽。

（王朝红，北京市门头沟区育新学校）

从生活细节看英国教育

视 点

成败在于细节，细节源于习惯，习惯需要在日常生活中养成。英国的教育非常注重细节，关注孩子行为习惯的养成。这一点值得我们借鉴。

| 现象回放 |

规矩的形成

在英国，学生如果要进老师的办公室是一定要敲门的，要在得到老师的允许后才能进入。就算偶然遇到学生因为忘记或有急事自行开门进入时，英国的老师也会毫不客气地对他们说："这是老师的办公室，你敲门了吗？得到允许了吗？"他们会要求学生先出去，然后重新敲门，等得到允许再进入。而学生也都能主动地纠正错误。事实证明，让学生在生活中严格遵守规矩，有利于规范学生的行为。

上课时，学生是不允许离开教室的，即使是因不舒服要去厕所，也一定要有老师的签名允许。午饭期间，学生是不允许进入课室范围的，除了上厕所以外。有时天气比较热，有的学生想把外套、手套等放到个人储物柜里，也会被老师拒绝。同意去开储物柜的情况只有一种——拿午餐。学生就是在一次次的被拒绝中，懂得了什么是规矩，什么是原则。尽管被拒绝的时候心里会不愉快，但是他们学会了守规矩，这是一件终生受益的事。

对自己的行为负责

我房东的女儿艾蜜莉今年 8 岁。有一天，我们在她外公外婆家吃午饭，每个人都是自己削梨自己吃，艾蜜莉也不例外。看她有几次几乎要削到手了，我在旁边看得胆战心惊，而她外公外婆却很放心地坐在旁边，还安慰我说："要是想不担心，最好的办法是不看。"我想，英国的许多孩子就是在这样有惊无险的练习中成长的吧！难怪这里的孩子动手能力特别强。

也就是在这样的锻炼中，孩子学会了对自己的行为负责。艾蜜莉的堂弟亨利 7 岁多。有一天，他在外公外婆家玩的时候踩了一枚钉子，他立刻把钉子拔了出来。虽然脚流血了，但他没有哭，只是小声地告诉了妈妈。妈妈也没有大惊小怪，说："我去找点东西帮你包扎一下。"其他人也没把这当成很大的事。

在一般情况下，英国的大人都会给孩子出"选择题"，孩子一旦做出了选择就要遵守，还要承担后果。比如某个星期六上午 10 点多钟，这是艾蜜莉去学跳舞的时间，她却赖在外婆家玩。爸爸对她说："我数三下，你在去跳舞和回家之间作选择。"当他数到"二"时，艾蜜莉还在玩，爸爸说："走，我们回家吧。"她这会儿才紧张起来，哭着说："你还没说'三'啊！我不回家！"爸爸表现得很不情愿："我已经告诉你了，没有下次了！"后来艾蜜莉的动作果然快多了。学校也会给学生自由选择的机会，但是无论学生选择什么，学生都必须对自己的行为负责。

诚信教育

一天，我和丽莎一家人到市中心买东西。停好车后，丽莎和丈夫去自动购票机那里买票。丽莎还在自己的手机上调了闹钟，提醒大家在这个时间之前回到停车场。后来，她妈妈打电话来叫我们早点回去，我们就提早回到车上了。

开车时闹钟响了，丽莎开起了玩笑，说："快回到车上去！到时间了！"事实上，根本就没有人查你有没有买票、有没有超时停车，但是大家都自觉地执行。在这样的环境中成长的孩子能不讲究诚信吗？

环保，从我做起

英国每家每户的垃圾都是分类摆放的，这从垃圾袋的颜色就可以加以区别：黑色袋子里的垃圾是不可回收的，红色袋子里的是可回收的，如果有玻璃瓶子，则另外用塑料篮子装好。他们每个星期二早上会把垃圾放到门前，等专人开车来收。他们把废弃的家具或大的纸皮箱、废机油、钉子、螺丝、剪下来的树枝等另外装好，自己开车送到一个专门的废品回收点去，并按要求投放到不同的垃圾箱里。

学校的教室里也有两个垃圾桶，分别装可回收和不可回收垃圾。街上的垃圾桶也以颜色来区分所装垃圾的类别。英国人喜欢养狗，公园里有专门放狗粪的垃圾桶。我的房东每次带狗散步时，都会带上尼龙袋，当狗排便后，他就马上用袋子装好狗粪，然后扔到专门的垃圾桶里。有一次我们要上山散步，他就把狗粪装好放在路旁，说回来的时候再拿。我以为他只是说一下而已，等两个小时后我们回到原地时，他还记得去捡那袋狗粪，并把它扔到专门的垃圾桶里。

| 评析与反思 |

如何才能更有效地教育孩子？我想，英国的教育给了我们很好的启示：事无大小，从我做起，从现在做起，从日常生活中的小事做起。

（杨晓兰，广东省韶关市乳源高级中学）

务实的日本教育

视　点

日本的教育非常注重务实，强调对学生进行节俭教育和体验教育。我们需要借鉴日本教育的成功经验。

| 现象回放一 |

节俭教育——从小开始，从细微处着手

日本的节约立国风尚是世人皆知的。日本的民众之所以都有这样的意识和自觉行为，教育的作用不可低估。参观了和光小学之后，我得出了这样的结论。

镜头一：他们在一块小小的黑板上写下几个粉笔字，以此表示欢迎远道而来的客人。他们真正注重的是内容，而非形式。

镜头二：在全国研讨会上，看不到彩旗、鲜花、气球等任何表示喜庆的元素，唯一的两条横幅是由白纸镶接而成的，上面用记号笔写着本次教研活动的主题。

镜头三：校报将学校每周开展的重要活动以新闻通讯的方式向家长和学生通报。这是一张8开的普通纸，从标题到内容基本上都由老师手写，一般会配上一两幅照片。

镜头四：教研活动在下午5点结束，5点30分准时开始聚餐活动，这次聚餐活动在一间教室里进行，参加成员有教育集团的理事长、本校的教师及外校的教师（包括大学教授）。一进门，我就发现有一位老

师在切聚餐用的肉，餐桌是由课桌拼成的，食品是简单的寿司和一些油炸的肉类，简单、随意又干净。

镜头五：日本和光小学的教师把我们的老师和学生留下的书法作品进行了装裱和张贴。我们惊奇地发现，他们是用硬纸板和订书钉来装裱字画的。翻译告诉我们，日本的学校就是通过这样的方式对孩子进行节约教育的。

▌评析与反思▐

我们也提倡节约，经常强调要节约用水用电，但是与日本相比，我们所做的完全没有他们的细致。试想，连我们的老师、家长都没有节约意识，那我们拿什么来教育孩子呢？

▌现象回放二▐

体验教育——知识从实践中习得，
兴趣从实践中激发

在考察和光小学课堂教学的过程中，我体会较深的还有他们所倡导的体验教育。我们看到一年级的教室里摆着几排铅笔，笔芯削得参差不齐，后来才知道这是一年级的学生削铅笔比赛的作品。另外，该校还有削柿子比赛、缝裤子比赛等。当我们时时处处保护着孩子、担心他们磕了碰了的时候，日本已经在一年级学生中开展了体验教育。

▌评析与反思▐

体验教育是日本的又一特色教育。和光小学的体验教育随处可见。孩子们交上来的作业除了有图片说明之外，更多的是实物展示以及操作过程说明。这样的作业一定是学生动手操作过的，一定是从生活实践中来的，也一定是真实可信的。日本的科技不可谓不发达，但学生作业中的图都是亲手画的，字都是亲笔写的，没有哪一份作业是电脑打印的。

我们究竟要教给学生什么？要让学生产生探索、创造的欲望。让学生在实践活动中不断发现新问题，激发求知欲望，这应该是教育的首要任务。

（李永亮整理）

德国教育的特色

视 点

德国的教育有着深厚的文化底蕴和完美的系统。德国教育有其特色，我们应该借鉴其成功经验。

注重细节的感恩教育

我看到德国学校的一个教室里有一根绳子，串着 365 颗珠子，珠子上记录有学生的生日。我目睹了这样一幕：在上午上课前，老师与当天生日的孩子拥抱，那个孩子的脸朝全体学生，大家一起唱生日歌，然后每个学生都上去跟那个孩子握手并给予祝福，接下来，那个过生日的学生再到每个学生那里握手表示感谢，并分给每个学生一颗糖。这时候过生日的学生脸上洋溢着幸福的笑容。

再看看我借鞋子的经历，因为我要去一个农场参观，但我又没带运动鞋，于是带班的老师帮我去向一个学生借运动鞋。（我们的老师会这么说，某同学你过来，把你的鞋子借给这位老师，谢谢！甚至有的连"谢谢"也不说）这位老师很夸张地与这个孩子拥抱并表示感谢，在归还时还代我给了她一大包巧克力作为答谢。

| 评析与反思 |

再来看看中国的老师是怎样教育孩子感恩的。有一次，有一位老

师带学生去了山西太原，回来后他给学生布置了这样的作业：让孩子问家长太原那两天的天气情况。孩子问了以后向老师汇报，结果这位老师发现所有的家长都知道太原那两天的天气情况。这位老师再反过来问孩子：那你们知道北京的天气是怎样的吗？这位老师通过这样的方式让孩子们体会到父母时时刻刻在为自己操心。可见，德国的感恩教育更直接，更注重细节，效果也就更好。

| 现象回放二 |

暗藏玄机的分组教学

著名的波兰登小学就坐落在山边，即使是在课间的 10 分钟里，孩子们也可以打开后门，冲上山坡或树林，纵情奔跑一番。走进教室，你会发现学生的桌子摆放得非常随意，都是倾斜的，四组桌子呈麦穗状摆放着，黑板旁边靠近窗户的地方还斜斜地摆放着教师的办公桌。教室的墙边摆放着高低不一的架子和柜子。虽然教室里的物品摆放不整齐，但整个课堂很和谐，有一种温馨的家庭氛围。

教室里并不安静，不时会有低语和谈论声，但不吵闹，因为孩子们说话时会有意识地把声音压低。教师经常会被靠近办公桌的那组孩子叫去，老师和学生会不时地在课堂上走动，但一望便知是讨论问题，大家的脸上都带着微笑，轻声细语之后便各归其位。

| 评析与反思 |

与那位德国老师攀谈之后，我才知道他们的课桌并不是随意摆放的，其中暗藏玄机。原来，学生是分组围坐的，离办公桌最近的是低水平组，而离办公室最远的是高水平组。这种分组围坐的课桌摆放方式是德国小学的常规，其中渗透的是教育设计者的机智。

| 现象回放三 |

五颜六色的板书

波兰登小学的黑板是多层的，像一个有几重门的柜子，打开一个双页门，后边还有一个双页门，再后边才是一整块黑板。因此，教师在一周内布置的作业和板书都可以留在黑板上，学生如果想查看不同科目的作业和板书只需打开不同的门。

他们的黑板有趣，黑板上的字更有趣，上面的字五颜六色，有点像我们的黑板报，花里胡哨的。但仔细一看，板书虽然花哨却还是有规律的。同行的几个老师也发现了这个问题，唧唧喳喳地悄声讨论起来，校长还特意过来解释了一番。

| 评析与反思 |

原来，五颜六色的板书在德国很普遍，是为了配合个别化教学而设置的。三种颜色分别代表三种不同要求。比如，红色的题目是所有学生都要完成的，黄色的题目是中高水平学生必须完成的，绿色的题目是高水平学生必须完成的。每个题目后边还有一个括号，括号里又以不同颜色来表示作业完成的形式。根据这样的约定，孩子们不听老师解释就知道自己该做什么。正是因为有这样精心的教学设计，德国的小学课堂貌似无序，其实有很多内在的规则在支持着它有序地运行。

| 现象回放四 |

弹性作业制度

了解了波兰登小学的弹性作业制度之后，我深刻地领会到了教学管理该如何为理念服务。

德国教室的多层黑板和五颜六色的板书都服务于他们的弹性作业制度。这个学校的孩子不是每天都交作业的，而是每周交一次作业。按他们的常规，每个星期一学生要领取一周的作业，而在一周中学生可以自行安排做作业和接受老师辅导的时间。教师只在学生主动要求时提供个别辅导，德国的教师实施的是终点管理，教师会对学生的作业情况及时提供反馈，以强化学生的学习。

　　弹性作业制度为孩子提供了自我管理的机会。在这样的制度下，德国的孩子会合理地安排自己的时间，而最重要的一点是学习真正变成了孩子自己的事情。

　　弹性作业制度促使孩子从"要我学"向"我要学"转变，可以激发孩子的学习动机。孩子在自我管理的实践中学会了自制，也积累了智慧。弹性作业制度很值得我们借鉴。

| 现象回放五 |

游戏化的教学规则

　　在德国的很多小学教室的墙上，我们也看到许多以图画表示的行为规范。和我们不同的是，这些行为规范都是由孩子们自己提出、自己画出来的。

　　由于图画的作者不同，墙上的画也就五花八门，形态不一，但有一个共同特点就是稚气、拙朴。当然，最重要的是这些规则都来自孩子们的内心，是他们自己约定的。

　　孩子们还可以根据具体情况不断调整班级的制度。这种规定不仅符合孩子道德行为形成的规律，也在孩子幼小的心灵中播下了民主、自制和重承诺的种子，为他们未来适应社会作了很好的准备。

| 评析与反思 |

　　中国的一位老教育家曾经很诙谐地讽刺过中国的制度和行为倒挂的局面。他说："写在墙上的，是大家都不准备遵守的。"

　　在当地著名的诺斯塔东方小学，我们就图画的含义问一个一年级的小学生，他告诉我那是不要打架的意思。就这个话题，我们询问了该校的校长。他是一个崇尚传统的老先生，也是一个慈父般的校长。他说各个班级的制度是由孩子们讨论之后而定的，比如，在学校不打架、不大声喧哗，同学之间要互相关心等等，规则定下来之后就请孩子们画出来，然后从中找出最好的画挂在墙上，表示提倡的行为的图画下边有个勾，表示禁止的行为的图画上有个大红叉。以此为据，孩子们要控制自己的行为。

| 现象回放六 |

随意进出的安静角

在德国的幼儿园、小学和中学的教室里，都有一个独立的区域，称之为安静角。

幼儿园的安静角是半开放的，里面有柔软的垫子和抱枕，还有洋娃娃和公仔，3—6岁的孩子可以在里面翻跟头或进行其他活动。

小学的安静角倾向于封闭，一般三面是柜子一面是布帘，里面有沙发、桌子和书籍。在上课时，哪个孩子如果想独处，可以自行进入这个区域。老师不会干涉，但会格外关注这个学生。

中学的安静角往往是一张单独摆放的桌子，这张桌子有时候放在教室里，有时候则放在走廊里。想独处的学生可以离开自己的座位坐到那个座位上。

| 评析与反思 |

当我们问学生为什么要到安静角来时，他们的回答是："不想坐在教室里，想一个人待一会儿。"其他学生也是一副见怪不怪的表情。

这种规定可以帮助孩子们积极面对自己的情绪和情感，同时也有利于老师更加全面地观察学生的行为，从而进一步帮助学生。记得有一本关于德国大学精神的书提到了寂寞，该书的作者认为德国很多人的杰出成就与耐得往寂寞有关系。而基础教育安静角的设计其实已经把人独处的需求合理化了。独处是精神的放飞，至少我是这样理解的。

（陈晓萍，浙江省嘉兴市实验小学）

美国教育中的直观性教学

视　点

怎样才能让课堂教学活动活泼、高效地进行？怎样才能真正做到"以学生为主体，以教师为指导"？美国的课堂教学所遵循的原则和所采用的形式或许能给我们一些启迪。

| 现象回放一 |

重视生活实践

国内一位深谙语文教学的老师到美国参观，他观摩了美国小学生的第一堂语文课。这位美国老师带着一群新生走出教室，来到一处建筑工地上，然后这位美国老师给学生讲什么是脚手架。这位语文教师很疑惑，他想知道脚手架跟语文学习有什么关系，于是又跟着学生们回到了教室。

这位美国老师告诉学生们，语文学习就像盖房子，只有脚手架搭好了，学习才会顺利。美国的教师普遍认为，会听课，懂得拼读、书写、语法和词语之间的关系就是语文学习的脚手架，只有学会了这些，语文学习的高级目的——培养阅读能力和写作技巧才可能实现。这位语文老师恍然大悟，原来这位美国老师是想告诉学生怎样学习语文。

| 评析与反思 |

我们一般是在学生还不明白语文是什么的情况下，就直接开始教

学，这不利于激发学生学习语文的兴趣和热情。而语文学习是解开各门学科的钥匙，语文学不好，必然导致其他学科的学习出现障碍。我们应该尽可能地将教学与学生的生活实践联系起来，让学生在"眼见为实"的过程中学习、理解。

| 现象回放二 |

重视体验

美国宾州的一所小学为了帮助学生学习世界地理，专门建立了一个地理学习实验室。实验室四周的墙壁上挂满了世界各国的国旗、图片，飞机模型从天花板上垂下来，地上有铁路模型，火车模型从实验室的这一端跑到另一端，实验室里还有很多世界各国的手工艺品。

这样一个美妙的地理学习实验室会给学生多么强大的视觉冲击！它不仅可以让学生体验到地理的奥妙，还可以让学生充分发挥想象力，激发学生强烈的求知欲。我相信学生从中学到的地理知识是丰富而巩固的。

| 评析与反思 |

兴趣是最好的老师。有效地培养学生的兴趣，重视学习体验，可以促进学生主动接受新知识，形成开放的思维，从而提高学习效率。教师应该充分利用文字、声音、图像等，进行多维度的教学设计。我们的教学在带给学生学科知识的同时，也应该带给学生深刻的学习体验。

| 现象回放三 |

重视游戏

你也许知道美军通缉基地组织成员时将嫌疑犯印在扑克牌上的做法吧。其实，扑克牌在美国的教学活动中早就被使用了。在进行符号辨识、计算时，他们就充分利用了扑克牌。

美国的教师会用大型的扑克牌符号来装饰教室的一个角落，将红黑旗帜横挂在教室中，并摆一张可供 4 人玩扑克牌的桌子。美国的教师认为，使用扑克牌可以增强教学的游戏感，活跃气氛，并且扑克牌廉价又便于携带。

| 评析与反思 |

反观我们的教学，我们往往轻学生的活动体验，而重教师的讲解、灌输；轻课堂创意，而重知识传授。事实上，我们完全可以尝试着将游戏引入课堂教学中，做到寓教于乐。

| 现象回放四 |

重视直观表达

美国的老师普遍认为，直观性教学不仅有利于满足学生的好奇心，激发学生的学习兴趣，而且给学生提供了探索与发现的机会。

美国迈阿密州的一所小学开设了形体语言课。该课要求学生把诗句呈现的意境用戏剧、舞蹈等艺术形式表现出来，把文字中所包含的思想、情感用动作表现出来。通过这样的教学，那些抽象、理性的东西就变得非常具体、感性了，那些难以理解的内在的东西也变得通俗易懂了。

| 评析与反思 |

美国教育和中国教育有一个明显的不同，那就是美国的教师更倾向于利用直观的方式进行教学，更重视让学生通过感性认识和直觉思维达到学习和发现的目的。

（刘凤梅，北京市芳古园小学）

解密新加坡教育

视　点

　　尽管新加坡与我国体制不同，国情有别，但他山之石可以攻玉，新加坡教育的成功经验值得我们借鉴和学习。

┃ 现象回放一 ┃

宽容的社会教育环境

　　新加坡的办学理念是：培养思想者、领导者和先驱者。他们希望学生在领导中服务，在服务中领导。新加坡是一个东西方文化交汇的城市国家，国内除了四大族群——华人、马来人、印度人及欧洲人之外，几乎汇聚了世界各国的人民，是一个多元化的国家。为此，新加坡政府创造了一个宽容的社会教育环境。随着双语教育的实施，新加坡国民的英语水平不断提高。新加坡人可以毫无语言障碍地直接吸收来自全球各方面的最新信息，学习和掌握世界先进的科技知识和管理经验，从而促进新加坡科技水平和管理水平的大幅度提高。具体在教育上，新加坡则坚持教育全球化的取向。

　　在中小学阶段，新加坡基本沿用东方教育模式，而到了大学阶段，学生既可以在国内接受教育，也可以选择到海外留学。新加坡为所有学生提供了东西方两种教育模式，新加坡的学生有自由选择教育模式的权利。

┃ 评析与反思 ┃

　　新加坡在双语教育、因材施教、培育精英人才等方面的成功令人称道。这与新加坡宽容的社会教育环境不无关系。

基础教育由政府买单

新加坡的教育质量举世闻名，每个学校都由国家直接管理。在南洋小学和彰德小学，我们接触到了新加坡的教师和学生，观摩了新加坡师生的课堂教学，感受到了新加坡教育的人文与和谐，看到了新加坡校园的整洁与优美。我们参观的新加坡学校的领导均强调，新加坡没有什么天然资源，于是对资源十分珍惜，特别重视教育质量，对教育进行优先投入。由于每所学校的教育经费都很充裕，所以教育设施都十分齐全和现代化。我们所到的学校均有篮球场、排球场、健身室以及特别课堂（如语言实验室、美术室、音乐室、媒介资源和劳技室等）。除此之外，各个教室还装置有音响系统和多媒体放映设备。

| 评析与反思 |

优越的办学条件给学生的健康成长、全面发展提供了保障。校长不用因为经费问题而烦恼，可以把全部精力投入到教育教学之中。我们问新加坡的校长他们最关注的是什么。一位校长回答："学生的学业成绩。"还有一位学校领导说："没有良好的学业成绩，家长就不愿意为子女报名。素质教育搞得再好，没有生源，学校的生存也会存在问题，那时还谈何素质教育呢？"他还认为抓学生的成绩关键在于抓学校的纪律。所以，新加坡的校长最关注的是教育现实。他们办教育是为了满足人民的需求。

| 现象回放三 |

独特的校园文化

在新加坡参观学习的过程中，我感受最深的是学校的文化建设。学校深厚的文化底蕴在丰富多彩的校园生活中彰显得淋漓尽致。学校环境幽雅，文化气息浓厚。漫步在校园中，学校的每个角落都书香四溢。从办公室、教室、功能室的设计到植物园、图书角、阶梯墙壁甚至走廊上的文化柱的布置，都显得那么精巧、美妙，充满了文化气息。处处无不透出管理者的构思巧妙、匠心独具。

| 评析与反思 |

参观这样的花园式、立体式、富有人文色彩的精品校园，真是一种享受，令人流连忘返。新加坡的各个学校都是从"德、智、体、群、美"全方位地关注师生的校园生活，充分体现了"人本、生本、校本"的特色，形成了很多可圈可点的文化亮点。

| 现象回放四 |

教师的舞台就是课堂

新加坡的教师往往充当导演的角色，他们是课堂教学的策划者、组织者、合作者，起到指导、引领、提升的作用。通过与新加坡几所学校的教师接触，我感受最深的是他们那种积极向上的状态，他们对生活的热爱、对工作的投入。在南洋小学的教师办公区里，在属于教师自己的那一块小小的空间里，我们看到每位新加坡老师的脸上都写满了幸福！在南洋小学二年级的教室里，我们看到了正在跟孩子们做游戏的老师，她一会儿跟这个小组的同学做游戏，一会儿又乐颠颠地跑到另一个小组去，像个可爱的大孩子，更像一枚开心果，尽管已是满头大汗，可她仍然乐此不疲。

| 评析与反思 |

跟这样快乐的老师相处，学生能不快乐吗？我们也应该做快乐的教师，向学生传递我们的快乐！

在国内，我们的教师为了应付各级各类的评优课和教学大赛，往往忙得筋疲力尽。当我们说到评优课时，新加坡的教师却一脸茫然，他们不评优，不比赛，这一点和我们国内是不同的。我们可能更加关注评比的结果，可新加坡的教师却更加关注过程，并在过程中思考一些问题，比如"在这个过程中我分享到了什么"、"我是否为别人的分享创造了条件"等等。

| 现象回放五 |

倡导节俭，反对浪费

我们在参观时发现师生的衣着很简朴，校服是用国内最便宜的布料做成的，样式很简洁，校徽是唯一印染在上面的装饰。每名学生都有几套校服换着穿，没有攀比，也没有名牌的诱惑。校园内的办公用具也得到了合理使用，简单而实用。

学校食堂是我此行最为关注的地方之一。学校里的饭菜比外面的要便宜，两三块钱一份。孩子们一般在家用完早餐后再上学，上午九点半至十点到食堂吃饭，中午回家吃饭。食堂里各种餐点、饮料应有尽有，中国、马来西亚、印度的特色饮食更是比比皆是。老师和学生会根据自己每天的喜好购买食品。不管是几年级的学生，他们都是自己拿着小钱包到喜欢的餐点前购买。每人买一至两种，没有一下子买很多的学生，都是很简单地吃一些。也有学生从家里带食品到食堂加热后再吃。

| 评析与反思 |

新加坡是一个厉行节俭的国家。新加坡是亚洲"四小龙"之一，是一个富国，人均年收入早已达到 15000 美元，但学校教育却倡导节约。这一点十分值得我们学习。

| 现象回放六 |

家长自愿为学校提供无偿服务

这里的家长以为学校服务为荣，好多家长都争抢着做学校的"义工"。每个学期学校都会给家长一个编号，然后每周随机从里面抽取，抽到的家长才有机会来做"义工"。在南洋小学，家长身着红色的工作服在学校的交通要道上帮忙指挥交通。每周有 16 位家长轮流为学校指挥交通。学校为他们定做醒目的工作服，为他们买保险。这些家长由专职人员培训后才可以上岗。我随意地与一位家长聊起来，她告诉我，因为在家做专职太太，所以她有时间来学校做义工，她还很自豪地表示她做得很开心。

在新加坡，无论哪所学校都少不了一批高素质的家长的大力支持，他们为学校的教育贡献着自己的智慧，在人力、物力上也给予了很大的支持。这些家长义工中有全国著名的律师、医生、工程师等各行各业的人士，他们都在默默地为学校服务。他们的服务遍及学校的行政管理、学生行为辅导、教学辅助、家校沟通等方面。具体而言，比如，指导小学一、二年级的学生到学校食堂用餐；帮助学校做好图书馆的管理；为一些有需要的教师做教学辅助工作，以便教师有更多的时间进行备课和教学；在学校的运动会上，帮助老师对学生进行体能测试；学生外出游览时，家长帮忙带队并保护学生的安全；每逢重大节庆日，家长教师协会会准备丰盛的糕饼、糖果等招待孩子们。家长教师协会还会组织一些特殊的活动，如家长和教师的联谊会、家长和家长的沟通会等，还会组织家长一起插花、跳舞、听讲座，为家长的沟通交流搭建平台。家长教师协会还会为学校承担一些行政事物工作，如接听电话、派发通知等，为学校行政管理人员减轻了不少工作压力。

| 评析与反思 |

可见，家长是一笔巨大的资源。我国的学校完全可以在这方面做一些尝试，让家长也参与到我们的学校管理和工作中。我想，如果我们能够借鉴这些有益的经验，并考虑到我国教育的具体情形，那么我们的学校教育将会呈现一番全新景象。

（刘玉红，北京市海淀区中关村第一小学）

管窥中美教育的差异

视　点

　　众所周知，教育是培养人的工程，它能够让民族文化得以延续。中美两国由于文化背景、价值观等不同而产生了不同的教育思想和教育方法。但是通过对比中美两国的教育，我们仍可以从中得到有益的启示。

| 现象回放一 |

法律意识的差异

　　美国的学校有很强的法律意识。例如，美国的学校要求学生的家长在入学时填写大量的法律文书，以明确家长的义务和学校的职责。其中必须填写的有接送学生的亲友名单，学生的家长一定要在法定监护人之外再留1—2位亲友的资料和联系方式，以便学校在紧急情况下（如学生发生人身伤害事故或疾病）能够顺利联系到学生的家长，从而最高程度地保障学生及其家庭的利益，同时避免因在紧急情况下无法联系到学生家长而引起的各类法律纠纷。学校通过管理程序的落实，可以真正保护学校的利益，避免很多无序的争端，从而安心从教。我们的学校也会留家长的联系方式，但仅限于家长，一旦联系不上家长，学校就非常被动。在法律建设和实施方面，我们还有很长一段路需要走。我们更需要探索的是如何将理念落实在措施上，从而更好地提升管理的有效性。

美国的学校为了方便沟通，也为了使学校的管理更加透明，在学校大厅设置有前台，负责接待来访的家长等外来人员，还负责学校的日常管理工作，比如各班级学生的考勤信息收集等。一旦学生发生意外事故，学校还可能据此减轻责任。我们的学校重视报名、收费等手续，而忽视家长与学校之间的沟通。发生纠纷时，由于沟通渠道不畅，学校很可能处于被动状态，家长往往会到有关部门告状或提起法律诉讼。

　　另外，美国教师的法律意识非常强，这给我留下了深刻的印象。有一次，我正在女儿班里做义工，有一个小同学告诉老师她尿裤子了，由于老师正在忙于处理其他事情，我就自告奋勇，拿起换洗的衣裤，准备带小同学去卫生间，这时老师忙跑过来嘱咐我：只需要陪着她，帮她拿衣服，一定不要接触她的身体。当时我很诧异，因为这在中国是很正常的，还可以显示出对孩子的关心。后来老师跟我解释说，如果我帮孩子擦洗身体，有可能会遭到孩子家长的起诉。

▏评析与反思 ▏

　　可以看出，美国的学校法律意识很强，注重法律法规的落实，强调依法执教，教育教学过程比较透明、人本；虽然中国的教育法律体系也比较健全，但重框架，轻落实，学校教育的透明度不高，人本意识还有待增强。中国的教育法律法规有《教育法》、《职教法》、《未成年人保护法》、《预防未成年人犯罪法》等。但是，中国的学校在具体的教育教学过程中法律意识还有待加强。我们更注重是否有法，而忽视执法。

▏现象回放二 ▏

师生关系的差异

　　美国教师的定位是为学生服务。美国的教师充分尊重学生，与学生平等交流，肯定学生提出的每一个问题，并尽可能地给予悉心的解答。尤其是残疾学生，从生活料理到学习安排都得到教师无微不至的关心和照顾。美国作为一个移民国家，其班级就像一个小联合国组织，有各种肤色的学生。学生不论来自哪个国家、来自哪个阶层的家庭，都能受到教师的公平对待。记得女儿班上有一位随父母从非洲以难民身份进入美国的孩子，教师从不会因为他的身份而歧视他，反而在学习和生活上更关心他，给予他更多的爱。

美国的师生关系是平等和谐的。而中国传统的师生关系奉行师道尊严，教师起着主宰作用，有着绝对的权威。现行的师生关系仍深受其影响，还存在教师歧视"差生"、残疾学生等现象，很难做到民主、平等。

▏评析与反思▕

教师作为一种职业，就需要有职业道德。教师的职业道德就是要忠诚于人民的教育事业，热爱学生，以身作则。

在中国，从传统上讲，"一日为师，终身为父"，老师的地位高于学生，因此，就产生了体罚、变相体罚等现象。教师对淘气的孩子进行严厉批评、当众指责都是常态。教师在学生面前的情绪失控以及极端做法都在无形中伤害了犯错误学生的自尊心，并让其他学生获得了糟糕的教育信息。学生在不被尊重的情境中如何学习尊重？这应该引起我们教育工作者的反思。教育理念的更新不应该仅仅停留在研究课题、科研论文以及各种研讨会中，常态的教育教学活动才是教师真正的舞台。

中国的教育部制定了"师德八条"，以此来约束、规范教师的行为，但是有关师生关系的规定则是空白。中国的大多数学校属于事业单位，教师职业也大多是"铁饭碗"，因此师德更容易架空。在美国，师德靠社会舆论来约束，人们会着重评价教师是否热情、敬业、正直、公平、忘我。由于管理机制上的不同，美国的大多数学校属于企业管理或私人办学，教师的聘任由校董事会决定，对教师的选择和评价也更严格、更公平。与中国相比较，美国的师生关系更民主、平等、和谐。

因此，我们应该借鉴美国的成功经验，建立新型的师生关系。在教学过程中，教师要有为学生服务的意识；教师和学生在人格上要相互尊重；教师和学生的法律地位平等。

班级管理的差异

美国小学的包班制度是指班主任不仅要负责班级管理和教学环境的设计，还要负责班级的大多数课程，如阅读、写作、数学、地理、历史等文化课。这对教师的专业素质提出了更高的要求。美国的教师要具备良好的职业道德素质、渊博的知识、良好的人际交往能力和教学组织能力等。在知识方面，教师要具备学术知识与教学知识。人际交往能力是衡量教师的重要指标，要求教师有开放的思想，能与他人合作，能灵活地看待问题，并能解释自己的观点。教学组织能力是教师的教学实施能否成功的关键。完成年度课程计划、设计和营造班级氛围、对不同学生提供不同的教学方法、进行学生行为控制、与家长的沟通等是考查教师的教学组织能力的核心内容。

走进美国小学的教室，你会发现每间教室就是一个风格迥异的学校，它时刻向孩子们传递着教师的智慧与爱。美国的教师进行教室环境布置主要是出于两个目的：一是营造班级氛围，如低年级的教室布置强调图案的形象化，有些班级还养鱼、乌龟等小动物，这符合低年级儿童的视觉特征与心理成熟水平；二是促进学习与交流，很多教室的四壁张贴了教师制作的教学图片，这种根据教学内容更换的教室布置能促进学生的学习。在美国，教师的办公室与教室在同一处，于是学生的任何行为都在教师的监控之下，教师的任何行为也都有可能被学生模仿。教师可以细致地观察到每一个学生的超常行为和不良习惯，并及时有效地帮助他们改正，还能以自己的言行影响学生。我深深地为美国小学教师的工作负荷而感叹，虽然美国学校的班级小（不到30人），但教师的工作量很大。

中美两国都实行班级授课制，这是中美教育的一个共同点。我认为，包班制有明显的弊端。由于学生接触的教师很少，而教师的个性差异、能力差异又是不可避免的，这直接影响着一个班级的教育教学效果。我个人的看法是不提倡这种教育模式，因为它不能保障教育的平等性。

我国实行的是班主任制。班主任要负责全班学生的思想政治、生活管理和课外活动等工作。班级是学校教育教学工作的基本单位。无论是课堂教学还是课外活动，都是以班级为组织单位实施的。要想完成教育教学计划，落实各项教育管理措施，就应该使班级成为一个有目标、有组织、有凝聚力的集体。

"以前，老师怕搞活动，一有活动，老师就变成了大忙人……""班主任以一人之力管理40个人，难免精力不够。""以前，学生们不太敢跟我开玩笑。后来我退居二线了，他们就不怕我了……"我们从中不难看出班主任在班级管理中的主导地位，但这样的班级管理很难调动学生的主动性和积极性，因而师生关系比较紧张。

| 现象回放四 |

教育指导思想的差异

美国的教育注重学生的个性发展和全面发展。学校和教师总是设法引导学生把眼光投向课本之外的知识海洋，并力图使学生保持对大千世界的好奇心和探索欲，同时注重培养学生独立思考的习惯和解决实际问题的能力。中国的教育注重书本知识的传授，而忽视学生实践能力的培养，因此，中国的学生应试能力很强，动手能力却不足。

| 评析与反思 |

中国的传统思想认为，"学而优则仕"，"万般皆下品，唯为读书

高"。我们的课堂总是喜欢搞题海战术，总是喜欢求难、求异。即使是5以内的加减法，我们的教师也能变换出数十种题型来，以致会运算的孩子也照样要出错。我们应该借鉴美国教育的成功经验，注重学习的个性发展和全面发展，真正从应试教育转变为素质教育。

| 现象回放五 |

家校关系的差异

美国的中小学都有由学生的家长自愿组建的家长教师联合会（Parent Teacher Association，简称 PTA）。PTA 设有理事会，理事会的执行官多为家长竞选担任，理事会有决策权、策划权和否决权。

在美国，家长全面参与学校的日常管理工作，例如，学校的花花草草都是家长从自己的院子里挖过来的，墙也由家长来刷，一些器械的维护也由家长承包。家长还会组织学生做工艺品，并将其销售，以此来筹得善款，或通过组织各种文艺活动来筹款。这些活动都有负责人（一般为活动提议人），由负责人自己找家长配合开展活动。另外，学校会把服务机会细分为很多类，比如，教师助理、午饭监督员、办公室管理员、音乐会组织员、演出组织员、教师感谢周负责人等，家长可以自由挑选。家长教师联合会还参与学校内部各种活动的协调和管理，例如，对于学校每年举办的"国际日"、"国际夜"等活动，PTA 不仅是活动的策划者，也是活动的参与者。

美国学校的家长会也很有特点。召开家长会当天学生放假，每位家长需要与教师预约，因为家长会是家长与教师一对一进行的。每位家长可以与教师交流 15 分钟，教师会向家长反馈学生的学习情况，包括评定等级及评语，同时也回答家长提出的各种问题。

| 评析与反思 |

我认为美国这种让家长参与学校管理的做法是真正意义上的对家长和学生负责。在我们的家长会上，教师往往会当众宣布成绩和学生的各项表现等，这对有些家长来讲是很难堪的，而且家长也很难了解

到孩子的具体情况。

另外，我国的家长通常不过问学校的财政。中国有些学校也成立了家长委员会，但多数家长委员会只是摆设，并没有开展太多的具体工作。希望我们的家长委员会能早日发挥功效，真正参与到学校的教育教学活动中，并协助学校开展各种有益于学生身心发展的活动，从而让我们的教育形成良性循环。

（魏苹、徐颖，北京市外事学校）

美国中小学诚信教育面面观

视 点

在我国的传统文化中，诚信具有极其重要的地位，诚信是社会的基本行为准则和人的重要品德，它是一切思想道德的基础和根本。关注国外的诚信教育，将为我国基础教育领域一度缺失的诚信教育提供借鉴与思考。

| 现象回放 |

寓意深刻的"诚实节"

对于威斯康星州的中小学生来说，每年的 5 月 2 日是一个不寻常的日子，这一天他们要过"诚实节"（又叫"不说谎纪念日"）。各个学校都要举行形式多样的活动，进行诚实教育。

"诚实节"是为纪念一个年仅 8 岁的男孩而设立的，他因为坚持真理而英勇地献出了自己年幼的生命。

这个叫埃默纽·坦南的男孩因为在养父杀人后坚持要说真话，被养父母活活打死。

此后，为了永久地纪念这个诚实而勇敢的孩子，威斯康星州政府建造了一块纪念碑，上面摆放着埃默纽的塑像。碑上刻写道："怀念为真理而屈死的人，他在天堂永生！"州政府还通过立法，规定每年的 5 月 2 日为"诚实节"。

小规则与大诚信

美国的中小学重视培养学生的规则意识和团队精神。他们会让学生把规则和个性区分得清清楚楚，懂得什么事情能干，什么事情不能干。

例如，教室门口一般都会悬挂一块牌子，上面写着"禁止大声喧哗，禁止乱扔垃圾"。此举是为了让学生认识到，生活在集体中的每个成员都要遵守纪律，这不仅是一种要求，还是对老师、对同学的尊重。诚信的人首先必须是一个懂得尊重别人的人。在中学的课堂里，老师如果发现学生经多次警告仍然吃零食或者讲闲话等，就可以根据学校的规定，打电话通知孩子的父母，让家长把孩子领回去。

再如，学校要求学生爱惜课本，不准乱涂乱画。在美国的公办学校里，课本是循环使用的。学生毕业之后，要把自己读过的课本还给学校图书馆，供下一届学生借出来继续用。这些课本虽然经过多次循环却依然完好如初，书的角没有卷起来，里里外外都很干净。对于中小学生来说，能够做到这一点的确难能可贵。

另外，学生离开座位后，能自觉地把椅子放回原处，即使两分钟后会返回，也坚持这样做。在课桌椅上，看不到涂鸦的文字、图画或刀痕。洗手间的卫生保持得很好，墙壁上没有乱七八糟的话语或图画……

美国的学校正是注重在潜移默化中培养学生为他人着想的习惯，让学生自觉抵制不良言行的诱惑，从而成为一个诚实守信的人。

在美国的中小学里，很少看到学生上课吵吵闹闹，这和美国的学校坚持诚信教育是分不开的。

事事强调诚实

美国的中小学一直致力于诚信教育。翻开中小学的基础教材就会发现这方面的内容非常突出。

不久前，美国的一所学校里发生了多名中学生弄虚作假的事件，他们将某个网站的材料抄在生物作业本上。生物老师发现后，将这几个学生的课程成绩判为零分。这位生物老师在上第一堂课时，就与学生约定：学生必须独立完成作业，不得欺骗剽窃。为慎重起见，该协议还由家长签字认可。

这位老师激动地说："教育学生成为一名诚实的公民，要比生物学习重要得多，因为最高程度的诚实是最好的处世之道。"

评析与反思

虽然诚信在社会道德体系中有如此重要的作用，但当前我国的诚信教育却有所缺失。中小学生考试作弊、言行不一、欺骗他人的情况屡有发生。如何教育学生成为一名诚实的公民成为现代教育的一个严峻的课题。美国的诚信教育值得我们借鉴与学习。我国的中小学也应该建立学生诚信管理的规章制度。学校应该利用规章制度的强制性和导向性，促进校园诚信观念和良好学风的形成，从而营造"讲诚信光荣，不讲诚信可耻；讲诚信得益，不讲诚信受损"的校园氛围。

（李忠东，江西省赣县中学）

感受新加坡教育创新的魅力

视 点

我曾到新加坡这个融会了东西方文化与科技元素的国际大都会进行考察。此次考察以新加坡商务管理学院与圣尼格拉女校为重点，我深刻地体会到了新加坡教育创新的无限魅力。

| 现象回放一 |

继承传统文化，坚守不变的教育理念

新加坡是一个多元文化融合的法制国家。这里的华人占77%，其他的族群主要由马来族、印度族和欧亚种族构成。新加坡实行双语教育（即英语和华语），因此中国留学生比较容易适应。英语作为新加坡的官方语言，被广泛地使用于商务、行政、社交等场合中。新加坡丰富的多元文化氛围为培养出适应世界经济高速发展的大量创新人才提供了十分有利的外部条件。然而，新加坡在多元文化背景下仍坚定不移地传承东方传统文化精髓，并以此作为不变的教育理念。新加坡的这种勇气和恒心深深打动了每一个有幸造访新加坡的教育工作者。

一大早，我们便乘专车来到此行考察的目标之一——圣尼格拉女校。在中新双方代表致辞之后，该校播放了片名为"尔雅75year"的学校发展纪录片，这个纪录片向我们展示了如歌岁月里该校风雨兼程的75年办学历史。

如果说考察之前我们对新加坡教育创新理念的理解是概念上的，那么现在我们则对其有了更为生动、详实的了解。该校的纪录片将历任校长、教师、历届学员以及家长等相关人士的回忆语录串联起来，并呈现了相关图片、音乐、文字资料等，无不让我们感受到其中蕴含的责任、博爱与无私。新加坡始终不变的教育理念，即"以道德价值观为首，培养温文尔雅、高贵大方、乐观开朗、遵纪守法、关切时事、道德素养过硬、基础知识扎实、能说会干的国际化双语交流优秀人才"，也值得我们借鉴和反思。

| 现象回放二 |

更新教育政策，完善现行的教育制度

新加坡由于自身缺乏天然资源，因此，人力资源便成为其重要的生存条件。教育必须适应社会发展的需要，应致力于提升年轻一代的整体素养，并不断开发人力资源，以应付多变的未来。为此，新加坡政府在近五十年中三次更新教育政策，即从"生存导向"到"效率导向"，再到"能力导向"。纵观其发展历程，具体来说是从整体规划的普及教育、双语教育、学术教育、工艺教育，到自主参与发展的分流制度、自主学校计划、自治学校计划，再到大力倡导教育关注"人格培养"、"重思考"、"少教多学"、"多元化"、"灵活性"、"创意教学"与特色鲜明学校发展个体量身定制。比如，本次我们实地考察的另一所学校——新加坡商务管理学院，就是以着重培育国际化的项目管理人才为办学特色。该学院与国家多个运动体育机构有紧密联系，尤其在体育管理等专业领域有教学优势。

| 评析与反思 |

在实地考察的过程中，我们惊叹于新加坡商务管理学院高效高质

的升学体制、功能齐全的教学设施设备，以及其培养的成为国内外各大综合项目炙手可热的管理人才。

为此，我们不难看出，教育政策不断地推陈布新实为现行教育制度完善导航，这有利于促进学生、教师、学校与国家的共同发展。

| 现象回放三 |

整合教育资源，营造多元的教育环境

以圣尼格拉女校为例，该校拥有3000余名中小学生，是新加坡少有的一所大型学校。浓密树荫掩映着洁净的校园路，教学楼宽敞明亮，半开放式的教室确保了更多新鲜空气的流通。教室里展示着学生的作品或摆放着学生培植的一些花草。校方很有心地请学生参与校园布置。校方还特意把教学楼之间的空地布置为学生的休息场所。这里既摆着可供学生随时弹奏的钢琴，又有供学生玩耍的游戏设备。给我印象较深的是这里的超大型国际象棋。每颗棋子的个头足足有三岁小孩那么高。不要说是孩子，就是我看见了都有想去玩一玩的冲动。这些物质资源的配置充满了自然与人文的气息。

同时，该校也非常重视人力资源和信息资源的利用。学校积极应用教育部推行的新措施，重视教师专业知识的提升，不断提高教师的综合素质，以使其适应现代教育的快节奏。而且，学校每年举办校友回归日活动，邀请校友回校助教、讲述成长经历、辅导问题学生等，让学生从本校曾经培育的优秀学生身上发现成功的秘诀，找到克服困难的勇气，增加智慧的思考。在学校组织的家校联谊活动中，家长们齐聚一堂，为学校的发展出谋划策、出资出力。

比如，学校修建校舍需要大量资金，于是就动员家长或相关社会人士，通过以他们的名字为教室、多功能厅、会议室等命名的形式筹集修建款。学生则利用各类活动，甚至是教室板报布置，参与某主题的习作接力、某新闻的争论、某漫画的创意配词等，通过这样的方式维系校友、教师、学生、家长之间的感情，并号召他们齐心协力为学校的发展贡献自己的力量。

根据现代管理科学的观点，要搞好一个企业需要有三大资源：物质资源、人力资源和信息资源。现代学校也同样需要将这三种资源整合，并将其作为支撑教育可持续发展的元素，从而营造多元共生的教育环境。新加坡的学校在教育资源整合方面，取得了令人羡慕的成绩，这一点很值得我们借鉴。

现象回放四

建立师生共同体，创设开放的课堂教学

我国的语文新课程标准（实验稿）提出了"努力建设开放而有活力的语文课程"、"积极倡导自主、合作、探究的学习方式"等促进学生终身发展、幸福成长的目标。

新加坡华文学科的教学目标与此有着异曲同工之妙。在新加坡老师执教的《孟母三迁》中，我们看到新加坡的师生同处于一个对话与实践水平面，整个课堂教学在老师预设目标与学生达成目标的交汇、融合之中发展，最终达成对学生进行公平教育的目的。

在课堂教学中，新加坡的老师采用陈龙安教授创造的思考教学模式与威廉（Willians，F. E.）创造的思考教学策略，并结合主旨设计了11 次创造思考活动，让每一位学生都有参与学习、展示学习成果的机会。这些活动还要求学生运用已掌握的知识与技能来解决问题。

对于每一项创意活动，老师也力求有不同的表现形式。例如，老师请学生思考孟子住在坟场附近时，他每天看到、听到、嗅到、触摸到、感受到的是什么。当时，老师给每个学习小组分发了一张填写此问题的颜色纸。我发现纸上的问题内容一致，但形式各不相同。有些是横式排版，有些是纵向延伸；有些是纯文字表示，有些是图文并茂。在国内，有多少老师会在课前如此细心地准备，如此有创意地进行教学设计呢？

这次到新加坡考察，虽然时间短暂，但我与同行者真正领略到了新加坡教育创新的无限魅力，获得了很多启迪。作为一名中国教育者，我感受到了肩上那份沉甸甸的社会责任——让学生的生命之花在思索、创意、实践的浇灌中开放得更加艳丽，让中华文化精髓在传承中植根于世界文化之林。

（董宏燕，重庆市南岸区南坪实验小学）

加澳英日的德育教育特色

视　点

随着中国物质财富的大幅增加，人们逐渐认识到精神世界对国家持续、健康发展的重要性。然而，要充实人们的精神世界，就要加强思想道德教育。提到思想道德教育，人们总是不免联想到枯燥乏味的说教，甚至产生反感。在加拿大、澳大利亚、英国、日本等国家，思想道德教育并不是空洞的说教，相反，它是经过精心设计和组织的。他们往往通过开展生动活泼、充满趣味的活动来帮助青少年丰富内心世界，让他们学会替人着想、助人为乐，同时又自重自爱。

| 现象回放 |

加拿大：家长注重言传身教，学校重视爱国教育

父母是孩子的第一个老师。加拿大的家庭对孩子的品行教育是很重视的。他们认为，对孩子的品德培养是个长期的、潜移默化的过程。因此，父母平时的行为举止对孩子的影响非常重要。基诺先生说，他总是鼓励和支持孩子多去帮助别人，多参加一些社会公益活动。比如，他让三个孩子轮流去帮助社区里一位残疾人遛狗；冬天里，他让孩子去帮邻居扫雪。另外，他还鼓励孩子参加学校或慈善机构组织的活动，如为贫困孩子捐款等。基诺说，这可以培养孩子同情弱者、帮助别人、尊重他人、与人为善的意识和美德。他还说，这样的教育比父母的说教效果更好。

在对学生进行德育教育时，加拿大的老师都把学生看作是独立的人。一位加拿大教师说，只有把学生看成是独立的人，你才会尊重他们，然后才可以教育好他们。

加拿大的中小学校在某些方面对学生的要求非常宽松，但也有对学生行为规范要求很严的地方。比如，如果学生打架，先动手打人的一方要面临被勒令停学几周甚至几个月的惩罚。另外，女学生穿着暴露也是不允许的。

加拿大的学校没有开设专门的德育课。老师会根据教学大纲的要求，从教育部门推荐的一些书目中选择一些书让学生阅读。这些书的内容大多是让学生崇尚正义、勇敢和培养学生的独立精神。

加拿大的学校也重视对学生进行爱国主义和国际主义的教育。比如，学校门前都悬挂国旗；学生每天早上都要集体唱国歌；学校举行重大活动时也要唱国歌。学校常常请名人或老兵来给学生介绍他们的经历。学校每年都要组织学生参观博物馆、名人故居、历史遗迹等。在参观白求恩故居的人当中，由学校组织的学生占了不小的比例。

加拿大学校的墙报上经常张贴有关非洲孩子喝不上水、上不了学的宣传画。学校也常组织学生为非洲孩子的饮水、上学等项目捐款。一位加拿大老师说，这可以培养学生对自己国家和民族的自豪感以及对人类的博爱精神。

澳大利亚：道德课被纳入必修课，
鼓励学生参加社区服务

以有着75年办学历史的澳大利亚私立学校堪培拉语法学校为例，在堪培拉语法学校，道德课是一门非常重要的科目。一位八年级（大致相当于中国的初二）的学生说，如果不能在道德课考试中得高分，下一年级他们就难以被分到优等班。

堪培拉语法学校的总体教育水平在当地名列前茅。校长西蒙·默里认为，学校的道德教育必须是多层面的。首先，教师必须在道德品行方面为人师表。道德课由专职教师授课。其次，学校和家长、家长与家长之间要密切沟通，这是保障道德教育质量的一个重要方面。最后，每学期末各科任课老师和校长还要在学生的品德报告上写评语。该校长说，这些都是相互关联的，无论哪方面有欠缺都不能保证道德教育的完整。

据堪培拉语法学校负责教授道德课的主任杰夫·诺尔斯介绍，从学前班开始，学校就教授相关内容，高年级每周都有道德课，并有书面考试。

该校道德课的授课方式灵活开放。诺尔斯认为，十几岁正是拒绝说教的年龄，因此，他在教课时从不直接向学生灌输道理，也不事先强加给他们什么观点，而是在轻松开放的课堂氛围中，鼓励学生自由发言，让学生发表自己的看法，允许怀疑的、片面的，甚至是反面的观点出现。学生通过倾听他人的意见以及反复的思考、讨论和评价，就会逐渐产生比较全面客观的观点。

诺尔斯认为，"走出教室，深入社会"是培养学生们的社区意识和助人意识的重要一环。他鼓励学生们参加社区服务，要求学生们自己负责联系这种义务服务。学生们在服务结束后要在一本"社区服务手册"中填写参加劳动的时间和服务内容，还需回答诸如此类的问题：在参加社区服务前你期望得到什么？在参加社区服务中你学到了什么？在这个过程中你碰到的人对你有什么影响？学生们都很乐意参加这样的社区服务。

英国：鼓励学生参加公益活动，重视培养其独立能力

英国的中小学校开展的道德教育被称作"个人的社会健康教育"或"社会化过程"，目的是让学生懂得做人的基本道理，懂得如何处理人与人、人与环境之间的关系，懂得如何自律以融入社会，成为社会的一分子。

他们的核心道德观念有：尊重生命、公平、诚实、守信。英国人还认为，道德是被感染的，而不是被教导的。因此，英国的中小学不要求孩子们去死记硬背道德准则，而是要求孩子们在日常生活中用心地去体会。

一位名叫卡罗尔的英国中学教育管理人员说，英国的学校一般不设专门的道德教育课，但多数学校每周都组织班级讨论，选取学校里或者社会上发生的一些事情，让孩子们发表看法，共同讨论，让他们去领悟和判断对错。另外，组织集体游戏也是一种重要的道德教育方式。它可以让学生懂得顾及与体谅别人，懂得如何与同伴合作。英国的学校还普遍鼓励学生饲养小动物，还会组织学生到敬老院陪老人聊天，为慈善组织募捐及参加其他公益或环保活动，以培养孩子的爱心和社会交往能力。在卡罗尔看来，诚实不是一种孤立的品德，而是与自重和尊重别人，与对生命和大自然的爱紧密联系在一起的。

英国的道德教育有一个特色，那就是教育孩子从小要学会照顾自己，同时注意不要妨碍他人。这其实就是公德与私德的区分，也有人称之为"对陌生人的道德要求"。英国的小学很重视培养学生的独立能力，学生的个人卫生、自理能力等都在道德教育范围之内。

日本：要求孩子自律，培养孩子 成为赢得国际信赖的人

从 1958 年至今，日本小学德育课程的标准经历了多次改革。1998年7月，日本中央教育审议会在对文部大臣提出的"关于幼儿园、小学、中学、高中、盲学校、聋哑学校以及养护学校课程标准的改革"这个议题的答询报告中提出了课程改革的四项基本方针：使学生具有丰富的人格和社会性，理解生活在国际社会中的日本人的意义；培养学生自我学习、自我思考的能力；在宽松的教育环境中开展基础而又发展学生个性的教育；各学校用心开展有特色的活动，进行有特色的学校建设。

按照以上基本方针，小学德育课程的目标修改为"让小学生对未来抱有理想和目标，能够自律，不仅顾及自己的利益，还要考虑为社会和公共事业能够做什么，使他们成为可以赢得国际信赖的日本人"。修改后的课程标准已于2000年度开始在各小学执行。

| 评析与反思 |

孔子说，己所不欲，勿施于人。西方哲人其实也有很相似但也许

更为积极的说法：希望别人如何对待自己，就要照这样去对待别人。以上几个国家的德育无不渗透着这一思维。国外的学校普遍鼓励学生参加各种公益活动，并为弱势群体献爱心，这就很好地体现了这一点。学生在这种活动中，潜移默化地受到了道德教育。

（马宝，北京市中加学校）

国外爱国主义教育特色

视　点

2009 年 10 月 1 日是新中国建国 60 周年的日子，举国同庆，很多学校都组织了形式多样的爱国主义教育活动。有人认为国庆是进行爱国主义教育的最好契机，那么国外的爱国主义教育又是如何进行的呢？爱国主义情感往往成为学生信念和行动的基础。一个人只有热爱祖国，生命才有根基。因此，各国都注重培养学生的爱国主义情操和为祖国、为社会忘我贡献的精神。

| 现象回放 |

美国：从小学到大学都设历史课

美国是一个非常重视爱国主义教育的国家。在美国，无论是中小学还是大学，都设有历史课。美国人十分珍视自己国家短暂的历史，并具有深厚的爱国之情。他们崇尚肯尼迪的一句名言："不要问国家能为你做些什么，要问你能为国家做些什么。"

美国人总是自恃："我作为美国人是幸福的，是值得自豪骄傲的。"美国历任总统的就职演说中都有唤起美国人民的爱国主义情怀的警句。美国五星上将麦克阿瑟在西点军校演讲时说的"上帝保佑美国"也成为了美国的爱国人士最青睐的一句话之一。

美国一贯重视通过多种途径对国民进行爱国主义教育。例如，每逢节日、庆典或集会，四面八方都悬挂着国旗；许多商品包括小食品的包装上都印有美国国旗标志；就连儿童电子游戏机里都有组合星条旗等类似的游戏软件。

美国的许多中小学校每天都有升国旗、奏国歌的仪式。每当此时，学生们都很激动，都要拍手，给人一种神圣的感觉。美国政府总是千方百计利用各种节日从不同角度提醒人们牢记历史、热爱祖国。遍及美国的大大小小的的各种博物馆是美国实施爱国主义教育的重要场所。美国爱国主义教育的另一个重要内容就是实施成就教育。美国举世瞩目的经济飞跃和科技成就是美国人最为自豪的资本。

法国：在法语教学中引导学生爱国

法国的学校对各年级学生均进行爱国主义教育。如小学低年级学生就是通过了解法兰西共和国，即了解玛利亚娜、三色旗、马塞进行曲和 7 月 14 日国庆节这些共和国的象征，从而接受爱国主义教育的。

法国政府对爱国主义教育十分关注。密特郎总统曾经呼吁在历史教学中进一步加强爱国主义教育。法国的爱国主义教育带有文化中心主义的情绪。法国是一个历史悠久的国家，在其漫长的发展过程中，曾经有过光辉灿烂的业绩，但也曾经历过历史的挫折。法国的爱国主义教育过于偏重集法兰西民族优秀传统的大成，突出法国各个历史时期的光辉业绩，褒扬一切有别于他国的独特之处，这无疑培养了法国人的民族自豪感和民族自尊心。

法国近百年来始终强调培养学生的公民责任感和"热爱法兰西共和国的品质"。法国许多教育家认为，爱国主义教育必须融于不同学科的教学之中，因而他们在法语教学中积极引导学生热爱自己优美、严谨的民族语言。即使是在英语作为一种世界语言已经渗透到地球上的几乎所有国家的今天，法国政府还是一如既往地抵抗英语对本国语的入侵。

日本：将爱国主义教育融入地理教学中

日本前首相中曾根指出，学校要对学生进行崇高的理想、社会公德、丰富的个性等道德教育，不要只偏重知识的教育。而日本中小学品德教育的首要目标就是培养学生忠君爱国，维护国家体制、宪法、方针政策的品质。

日本的爱国主义教育与美国大体相似，其不同之处是民族沙文主义色彩与封建色彩、军事色彩糅合在一起。日本人认为，自己的国家是神国，而日本民族是神的子孙。日本在近代以后走上征战黩武的道路，尤其在二战中全国上下卷入狂热的圣战情绪之中，这和带有浓厚民族沙文主义色彩的爱国主义教育是分不开的。

日本的地理教学则注重加深学生对国土的认识，让学生明白日本除了国民的上进心、责任心之外"一无所有"，以增强他们的危机感、紧迫感以及保护环境、珍惜自然资源的认识等。

新加坡：把国家意识融入日常生活中

新加坡政府颁布的《共同价值观白皮书》中提到"国家为上，社会为行"等五大共同价值观，强调"国家利益必须放在个人利益之上"，倡导公民树立献身国家、热爱祖国的道德品质。

新加坡政府在培养公民的国家意识时，首先是"寻找途径让新加坡人同这个国家利害相关"，也就是使"行为主体的个人与国家之间发生感情上的结合，在心理上认为自己是国家的一部分，在意识和行动上都做到把国家利益放在个人利益之上"。其次是把国家意识这一政治观念融入日常生活中，使其化为公民的日常生活观念。新加坡公民自小学起就接受升国旗的礼仪教育。从 1988 年起，新加坡公民不分老少都要参加每年的"国家意识周"活动。新加坡的经济政治政策更是起到了引导和强化爱国主义热情的作用。第三是实行国民服役制度。新加坡法律规定，每一个男性公民都要服兵役。这既是让公民为国家尽义务，又是对公民思想、意志、体魄的锻炼，还可以起到增强公民的国家意识的作用。

| 评析与反思 |

大力加强爱国主义教育是我国公民道德建设的重要内容。事实上，通过了解世界各国的公民教育，我们可以发现每个国家都非常重视爱

国主义教育。归结起来，国外爱国主义教育的途径大致有以下几种。

第一，充分发掘各种重要节日、纪念日蕴藏的宝贵的爱国主义教育资源。墨西哥为纪念于 1847 年 9 月为保卫国旗而牺牲的六位小英雄，在查普尔特克山下建造了一座祖国纪念碑，并且每年在小英雄牺牲的那一天举行纪念活动。在纪念活动上，总统逐一呼唤六位小英雄的名字，在场的人齐声响应，以此表达对英雄的怀念之情。

第二，利用博物馆、纪念馆等培养学生的国家自豪感和民族意识。在澳大利亚，几乎每个城市都建有纪念馆、纪念碑，并且免费让中小学生参观，以此加强学生的爱国意识。在意大利，博物馆、陈列室、名胜古迹等向 18 岁以下的中小学生免费开放，在潜移默化中强化学生的爱国精神和民族意识。

第三，把爱国主义教育渗透到课程教学中，包括设立专门的道德教育课程，以及在一般的课程教学中融入爱国主义教育。新加坡的公民道德教育是比较成功的。新加坡的小学开设了"好公民课"，其内容就涉及社会和国家等方面；而中学开设的"新公民学"课程重点是培养学生献身于国家建设的精神。

第四，把国旗、国歌教育作为爱国主义教育的重要方面。国旗、国歌代表了国家的尊严。热爱国旗、国歌是热爱祖国的表现之一。世界各国普遍重视对公民进行国旗、国歌教育，以此培养公民的爱国意识。在美国，每逢节日、庆典或集会，家家户户甚至汽车上都悬挂着美国国旗。中小学生每天在上第一节课前都要全体起立，手放胸前，唱国歌，向国旗敬礼，并背诵誓言。

总之，世界各国的爱国主义教育都着眼于历史知识的普及、民族自豪感的培养和国家精神的弘扬。无论采取哪种途径，首先都是告诉公民国家的历史和现实状况，并且大多是在积极的方面加以引导。让学生在了解国家历史的基础上，产生强烈的自豪感和归属感，从而培养起对祖国的深厚感情。爱国主义教育的最终目的是培养公民为祖国献身的精神和决心。

（冉阳整理）

附录

英日美法德的中小学课程设置

英国 英国基础教育阶段的国家课程为 12 门：英语、数学、科学、设计和技术、信息和交流技术、历史、地理、现代外语、艺术和设计、音乐、体育、公民。在这 12 门必修课之外，学校还有义务对学生进行人格培养、健康教育、升学与就业指导等。此外，社区活动、劳动体验等活动课程也被纳入学校课程体系。

日本 日本的课程改革突出设立综合学习时间，国家不规定其具体内容，而由各学校创造性地组织跨学科的学习活动，例如自然体验、社会参观、制作与生产活动等。小学以综合课程为主，初中则压缩必修课内容和课时，扩大选修学科，鼓励学校创造有特色的课程。

美国 美国实行的是地方分权的教育管理体制，各州都有自己的课程标准及相应的课程设置，但各州课程标准都包括 4 门核心学术科目：英语、数学、科学和社会。美国的中学课程设置相当广泛，主要包括英语语言艺术、公民与政府、数学、科学、音乐与艺术、外国语、实践技能等。每门课程在教学时都分解成讲座、课堂实践、工场—实验室实践 3 个部分。

法国 法国的中学生并未因上学打乱生活节奏，看电影、交朋友等社会活动一样也不少。多数学校一般只达到政府规定的最短课时要求，很少有学校为学生加课。

以巴黎的一所初中为例，初中二年级每周的课程安排如下：3 小时外语、4 小时数学、3 小时体育、2 小时物理和化学、4—5 小时语文、1 小时艺术、1 小时音乐、3 小时法国历史和世界地理、2 小时科技、2 小时生物。为了让学生更好地理解欧洲文明史，学校还为学生开设了拉丁语或希腊语，时间为 2 小时且为选修。这样一算，初中二年级一周的上课时间最多也就 28 小时。

初中生每周上四天半课，其中星期一、二、四、五全天上课，另有半天课安排在星期三或星期六。一般上午 8 点开始上课，共 4 堂课，每堂课 1 小时，课间休息 15 分钟。下午有 2 堂课，5 点之前课堂教学一律结束。

德国　德国有其独特的教育模式，特别是中小学的课程管理有着鲜明的特点，在课程设置上采取半日授课制。另外，德国采取地方分权制的课程管理制度。各州根据宪法、学校法和教育部的有关规定，制定教育目标和教学大纲。教学大纲规定了学校教育的原则，划定了学校教育的框架，如各科的课时、目标和内容等。但这些规定给教材出版单位、学校和教师都留有自由发挥的空间。德国没有全国统一使用的教材，每个州也没有统一使用的教材，而是一纲多本，学校有一定的选择权。

德国小学开设的课程有：德语、数学、手工、综合课程（包括地理、历史、环保、生物、宗教伦理课等），三年级起开设英语课。艺术类、美术类课程等作为选修课则被安排在下午的社区教育活动中。其总课时数与我国的基本相同，学生的学习任务并没有我们想象中的那样轻松。

（王海燕整理）

英日的课堂教学特色

英国的课堂教学特色

第一，教学组织形式灵活。英国学校的教学组织形式灵活多变，课堂灵动而富有情趣。有的学校打破按年龄编班的做法，改由按学生的学习能力、学习成绩或学习兴趣分班。有的学校在按年龄编班的基础上，根据学生的学习能力、学习成绩或学习兴趣等因素对全班学生进行二次分组。如在一节关于"能量转换"的科学课上，老师设置了电脑、图表、手工等小组，有绘画特长的同学选择图表小组，爱好制作的就选择手工小组，而擅长电脑的当然就选择电脑小组。这样的自由选择顺应了学生的兴趣，使学生发挥了各自的特长，从而提高了学习效率。

第二，课堂氛围轻松。为调动学生的学习兴趣，充分发挥每个学生的主观能动性，教师应该营造轻松的课堂氛围，使学生消除恐慌、紧张等情绪，从而积极投入到教学活动中来。在英国小学的课堂上，学生是没有固定的座位的，老师也不太强调学生的坐姿，多半是让学生围坐一圈，然后面对面地交谈。这有利于增进学生的人际关系，改善课堂气氛。教师则扮演着顾问的角色，随时给予指导或接受提问。这种师生关系是平等的、民主的。

第三，实践活动丰富。英国小学的教室内外张贴了很多画报，挂满了形态各异的手工作品，这些都是学生们在课堂上动手实践的成果。老师备课时考虑得最多的不是如何把某个知识点讲透彻，而是如何设计让学生充分动手、动口、动脑的实践活动。学生可以在实践活动中获得知识，提高能力。比如，在科学课上，老师让学生合作制作区分物理变化和化学变化的图表，学生在制作图表的过程中，加深了对物理变化和化学变化的认识，并且学生的动手能力、交流能力和思维能力等得到了发展。

第四，教学切入点恰当。英国的老师在讲授一些单调、抽象的教学内容时，往往会通过有趣的话题切入教学。如在一节英语写作课上，老师首先朗读了一首赞美薯条的诗歌，幽默的语言和夸张的表情让学生们都乐了。然后，老师巧妙地将话题引入到抒情诗的写作上。学生们就在轻松与快乐中不知不觉掌握了抒情诗的写作技巧。

第五，激励措施运用巧妙。英国的老师始终注重用赏识与激励去强化学生的自主学习动机，让学生带着愉悦的心情投入学习活动中。课堂上老师会用亲切的微笑、赞许的目光、激励的手势表达自己对学生的期望。他们认为"学生要敢犯错误，错误是学习的一部分"。因此，当学生出现错误时，老师不会简单地纠正，更不会批评，而是耐心地引导。当学生在学习上有了进步时，老师会想出很多巧妙的方法去激励他们，如把学生的作品展示出来、给学生发放奖品等。

日本的课堂教学特色

第一，注重学生的能力培养。

第二，注重学生的个性发展。在课堂中允许学生自由讨论、争辩。

第三，注重师生之间的互动。在课堂中教师与学生的交谈、沟通十分频繁。师生关系民主、和谐。

（张延华整理）

国外特色课程

德国中学的"手机课程"

这门另类课程由德国流动通讯讯息中心与教育部门合作开设。课程内容主要是研究手提电话运作模式、流动通讯技术及相关技术给社会带来的影响。德国政府大规模开设此课程，无非是考虑到流动通讯方式正深刻地改变人类的生活模式，它不仅令沟通与交流更为便捷，而且对社会经济、就业及文化等方面产生了深远影响。推行该门新课程有助于中学生及早建立相关的思维和观念，以适应未来社会的发展。

英国中学的"幸福课程"

"幸福课程"首先由英国伯克郡克罗索恩的惠灵顿中学开设，学校要求14岁至16岁的学生每星期要上一堂"幸福课"。课程内容主要是学习如何处理人际关系，如何保持身体和精神健康，如何化解消极情绪以及怎样实现个人抱负等。

美国大学的另类课程

美国有些高校开设的另类课程非常有意思。看电影、学射击、玩玩具甚至看色情小说都可成为大学课程的内容。

课程："欲望都市学"

开设学校：俄勒冈州立大学

2006年，俄勒冈州立大学开设了"欲望都市学"。这门课程开设后，火爆异常，原计划招收200名选修学生，后来不得不招收500人。这门课程的任课老师以当时美国HBO电视台播放的连续剧《欲望都市》为教材，课程内容主要是探讨当今社会中的性与性别问题。

课程："酿造学与社会学"

开设学校：新墨西哥州立大学

很多人听到这一课程名称时，会认为这门课程会昙花一现，但事实并非如此，这可是一门高深的化学工程课，要培养的也不是在酒吧调酒的"熟练工"。

课程："媒体研究：吉姆·莫里森与大门乐队"

开设学校：普利茅斯州立大学

这门课程只在奇数年（如2009年、2011等）的秋季开设。这门课程以文化研究为框架，综合分析电影、电视节目、音乐作品、印刷品及在线资料的历史背景、思想内涵以及对人们理解媒体的作用和影响等。

课程："成人游泳研究"

开设学校：肯特州立大学

美国时代华纳旗下的卡通频道推出的"成人游泳"（Adult Swim）板块主要在午夜播放成人动画，主要受众为18岁至24岁的青年。自2004年以来，罗恩·卢梭教授就一直在学校开设课程"成人游泳研究"，班级人数限制在30名左右。

课程："被禁知识研究课"

开设学校：威顿学院

这门课程纵观有记录的人类历史，了解通过科学发现或技术革新掌握的新知识与人类社会伦理之间的冲突。选修该课程的学生需要学习宗教、文学、哲学和自然科学的相关内容，了解各个时期人们对控制和禁止某些知识传播的态度变化。

课程："射击术课程"

开设学校：得克萨斯大学艾尔帕索分校

在这个"射击高级技巧班"里，学生要学习步枪射击技巧，还可以为了多拿学分重复选修该课程。

课程："电影和小说中的牛仔、武士和叛逆者"

开设学校：北卡罗来纳大学教堂山分校

这门课程主要是了解电影和小说中的英雄主义、个人主义及权威的各种跨文化定义，强调小说和影片在不同文化之间的翻译传播。

课程："僵尸！文学、电影和文化中的活死人"

开设学校：得克萨斯大学艾尔帕索分校

这门课程将美国人（活人）与僵尸进行相似性研究，比如研究两者在消费"不需要的商品"方面有哪些相似之处。教师还会组织选修这门课程的学生进行令人毛骨悚然的"僵尸大游行"。

课程："乐高机器人拼装课程"

开设学校：陶森大学

这门课程主要要求学生将发动机、感应器、齿轮、轮轴及横梁等拼装成乐高机器人，利用儿童玩具学习机械学和电子学的基本原理。

课程："色情描写：关于妓女的文学作品"

开设学校：卫斯理公会大学

这门课程不是要倡导色情文学，而是探讨色情文学大行其道的内在和外在因素。

（王海燕、雷玲整理）

法国中小学校的公民教育目标

法国中小学公民教育的目标是：培养公民具有正确的思想态度、端正的行为品格、科学的价值观、高尚的爱国情操与国际和平思想。

其中，小学阶段的公民教育侧重于对学生进行个人行为规范与社会行为规范方面的教育。

初中阶段的公民教育的主要内容是对学生进行较为系统的政治知识教育，目的是帮助学生认识自己的生活环境，发现共同生活的价值，增强责任感。

高中阶段的公民教育涉及政治、经济、法律、国际事务等方面的知识，目的是使学生在获得有关知识的基础上，关心本国及国际上的重大问题，激发他们的社会责任感和使命感。

（白世英整理）

美国学校组织的活动

美国的学校会根据学生所学科目的内容需要，组织相应的野外考察旅行，以下几项具有代表性。

一、六年级的卡特林娜旅行

卡特林娜岛是太平洋中的一个岛屿，离洛杉矶很近，坐船只需2个小时即可到达。曾有人用"踏遍红尘千万路，人间至美却在蓦然回首处"来形容它的美丽。选中卡特林娜岛作为六年级学生四天的野外训练基地是因为该岛有丰富的动植物资源。这四天的活动，在食宿上称不上舒服和享受——学生们要自带睡袋，并且睡在很硬的木床上；因为岛上缺淡水，所以每人每天洗澡的时间绝不可以超过5分钟；每天早上8点起一直到晚上9点的活动安排可以说是高强度的。如果你认为学生们不喜欢，那你就错了。学生在活动时会分成几个小组，每组有10名左右学生。下面介绍一下学生参加的主要活动。

（1）观察海洋浮游生物

为了解海洋浮游生物的种类和形态以及海洋生物的食物链，学生们会亲自在显微镜下观察不同的浮游生物，并与图片对照后将它们分类，最后由指导员具体讲解。

（2）潜水观察海底生物

这是一项深受学生喜欢的活动。在佩戴潜水设备之前，指导员会介绍有可能在海中看到的鱼及其他生物，并让学生记下它们的名字，要求小组之间在潜水完毕后进行交流，因为不同的小组会到不同的区域。讲解完毕后，指导员开始教学生穿潜水服。穿上潜水衣、戴上潜水镜、系上脚蹼之后还不能下水，因为还没做预备活动。学生首先要适应水的温度，不停地下水、上岸，然后短距离地游泳，看身体状况是否好，然后反复测试潜水镜和脚蹼。预备活动之后，学生就可以向海里进发了。

（3）登山

登山分为两次，分别在白天和晚上进行。岛上动植物资源非常丰富，在登山的过程中学生可以学到不少知识。参观最早来岛居住的人的帐篷，品尝路边的胡椒树叶、卡特林娜樱桃，看野狐狸、野兔和野鹿，这些对于多数学生来说都是第一次经历。如果说白天的登山是用眼睛观察、用舌头品尝的话，那么夜里的登山就是锻炼听觉了。指导员会要求学生听青蛙的叫声、小溪流水的响声、微风吹过树林的哗哗声和其他动物的叫声。到达山顶后，指导员会讲一些古代动物的传奇故事。另一件事就是观察夜晚的天空。因为卡特林岛上的污染少，空气好，所以天上的星星、月亮看起来特别亮。指导员会用强光手电筒照向天空，教学生认识星星和星座。

（4）海上实验

十几名学生坐着小艇来到离基地较远的海面上学习海洋知识。用特殊的手电筒照向海底就能测量出小艇所在位置的海洋深度，用一根试管盛一些海水就能知道海水的盐分含量，用带有两种颜色的圆盘沉入海中就能看出海水的透明度。总之，这一次简单而有趣的实验会让学生知道很多的物理知识。

（5）近距离接触小鲨鱼

说起鲨鱼，一般人的脸色就会变，马上就会想到它张着血盆大口准备吃人的模样。其实根据调查研究，鲨鱼是不轻易攻击人类的。卡特林娜岛的鲨鱼馆里有一些小鲨鱼，学生们可以用手轻轻抚摸。馆内四周的墙壁上挂满了不同种类的鲨鱼的照片，学生可以据此了解一些有关鲨鱼的知识。

（6）参观海洋鱼馆

加利福尼亚州的州鱼叫做鲑鱼，鲑鱼全身为金红色，是学生们很喜欢的一种鱼。海洋馆里除了有鲑鱼外，还有大量的其他鱼类。学生三人一个小组从馆里找出图片上自己最喜欢的鱼，然后根据这种鱼画出自己杜撰出的一种鱼并为其命名,最后还要向小组的其他学生介绍。

除此之外,通过参观哺乳动物实验室、海藻类实验室以及软体动物和贝类实验室,学生也可以学到很多知识。

二、七年级的阿尔卑斯训练营和八年级的圣地亚哥旅行

七年级为期四天的阿尔卑斯训练营和八年级为期三天的圣地亚哥旅行的性质和六年级的卡特林娜旅行相似。阿尔卑斯训练营建立在一座海拔高达5000多英尺的山上,它最有代表性的活动是高空缆绳。孩子先系上安全带,然后在离地面十来米的绳上行走。虽然游戏带有相当高的难度,但是学生都会积极参与,并相互鼓励。

阿尔卑斯训练营最重要的一个特征就是学生之间有大量的合作。通过参与大量的集体活动,学生就会懂得交流、鼓励、团结和帮助的真正含义。

八年级开展圣地亚哥旅行活动的目的是让学生们更好地了解和掌握海洋生物知识,从而提高保护生物和生存环境的意识和责任感。(注:圣地亚哥位于加州最南端,终年少雨,气候温暖,阳光明媚,海岸风光十分迷人)

水族馆、圣地亚哥旧城、海洋世界、圣地亚哥野生动物园等都是活生生的教科书。在这里很多动物的生存环境屡屡受到人类的破坏,它们已经或濒临灭绝。学生可以从中体会到保护环境的重要性。

六、七、八三个年级开展的这种户外考察活动可以让学生们充分接近大自然,从而丰富知识,熏陶思想情操,可谓集知识性、趣味性和思想性为一体,让学生终身受益。

(白世英整理)